全集 伝え継ぐ 日本の家庭料理

魚のおかず

いわし・さばなど

（一社）日本調理科学会 企画・編集

はじめに

日本は四方を海に囲まれ、南北に長く、気候風土が地域によって大きく異なります。このため各地でとれる食材が異なり、その土地の歴史や生活の習慣などともかかわりあって、地域独特の食文化が形成されています。地域の味は、親から子、人から人へと伝えられていくものですが、食の外部化が進んだ現在ではその伝承が難しくなっています。このシリーズは、日本人の食生活がその地域ごとにはっきりした特色があったとされる、およそ昭和35年から45年までの間に各地域に定着していた家庭料理を、日本全国での聞き書き調査により掘り起こして紹介しています。

このシリーズでは、魚介類のおかずは2冊に分けて紹介します。本書では、比較的広い範囲で食べられてきた魚介類の料理を集めました(*)。いわしやさばなど大衆魚と呼ばれた魚や、ぶりやかつお、さんま、とびうおなど日本近海を回遊し各地でとれる魚です。また、多様な小魚や小えびを食べる料理、魚種を限定せずにそのときとれる魚でつくる鍋や揚げ物、すり身加工品といった食べ方も全国でみられます。そしていかとたこは、世界でも日本人がいちばん食べるといわれるほど親しまれてきました。

広島の小いわしの刺身は、何度も冷水で洗うことで身が引き締まり臭みがとれます。福井のさばのへしこは、10カ月以上もぬかに漬けて濃厚なかつお節のようなうま味と香りを生み出します。山形の夏いかのくるみ和えは、出始めの小さないかだからこそおいしい、ワタも墨も丸ごと煮る料理です。おなじみの魚にこんな食べ方があったのか、と思うかもしれません。魚離れがいわれる昨今ですが、つくってみたいと思う料理がきっとあるでしょう。

聞き書き調査は日本調理科学会の会員が47都道府県の各地域で行ない、地元の方々にご協力いただきながら、できるだけ家庭でつくりやすいレシピとしました。実際につくってみることで、読者の皆さん自身の味になり、そこで新たな工夫や思い出が生まれれば幸いです。

一般社団法人 日本調理科学会 創立50周年記念出版委員会

2018年8月

＊もう1冊は「魚のおかず 地魚・貝・川魚など」(仮)として、比較的地域性の強い魚介類の料理をまとめます。また、魚介類を使った料理はご飯物や麺、汁物、佃煮や行事食などのテーマでもたくさん登場します。

目次

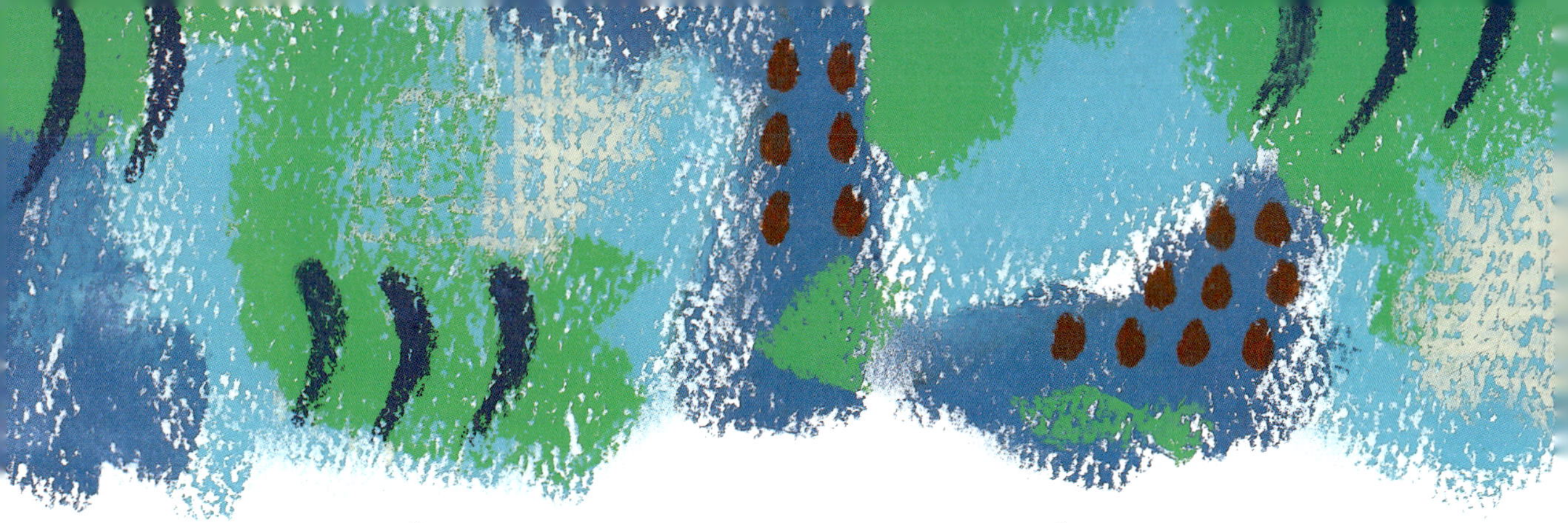

〈小魚・いろいろな魚〉

〈いか・たこ〉

〈えび・かに〉

イラスト／武藤良子（目次、p120、122）

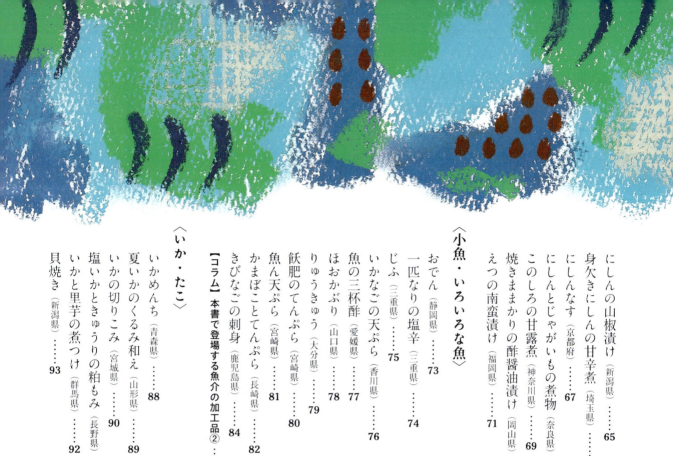

凡例

◎「著作委員」と「協力」について

「著作委員」はそのレシピの執筆者で、日本調理科学会に所属する研究者です。「協力」は著作委員がお話を聞いたり調理に協力いただいたりした方（代表の場合を含む）です。

◎ エピソードの時代設定について

とくに時代を明示せず「かつては」「昔は」などと表現している内容は、おもに昭和35～45年頃の暮らしを聞き書きしながらまとめたものです。

◎ レシピの編集方針について

各レシピは、現地でつくられてきた形を尊重して作成していますが、分量や調理法はできるだけ現代の家庭でつくりやすいものとし、味つけの濃さも現代から将来へ伝えたいものに調整していることがあります。

◎ 材料の分量について

・1カップは200mℓ、大さじ1は15mℓ、小さじ1は5mℓ。1合は180mℓ、1升は1800mℓ。

・塩は精製塩の使用を想定しての分量です。並塩・天然塩を使う場合は小さじ1=5g、大さじ1=15gなので、加減してください。

◎ 材料について

・油は、とくにことわりがなければ、菜種油、米油、サラダ油などの植物油です。

・濃口醤油は「醤油」、うす口醤油は「うす口醤油」と表記します。ただし、本書のレシピで使っているものには各地域で販売されている醤油もあり、原材料や味の違いがあります。

・「砂糖」はとくにことわりがなければ上白糖です。

・「豆腐」は木綿豆腐です。

・味噌は、とくにことわりがなければ米麹を使った米味噌です。それぞれの地域で販売されている味噌を使っています。

・身欠きニシンはとくにことわりがなければ、本乾《ほんかん》のものです（p53参照）。

◎うま味と旨みの表記について

本書では、5つの基本味のひとつ*である「うま味（Umami）」と、おいしさを表現する「旨み（deliciousness）：うまい味」を区別して表記しています。

*あとの4つは甘味、酸味、塩味、苦味。

計量カップ・スプーンの調味料の重量（g）

	小さじ1（5mℓ）	大さじ1（15mℓ）	1カップ（200mℓ）
塩（精製塩）	6	18	240
砂糖（上白糖）	3	9	130
酢・酒	5	15	200
醤油・味噌	6	18	230
油	4	12	180

いわし

かつては庶民的な魚の代名詞のように身近だったいわし。〝ご飯の代わりに食べた〟という話があるほどです。新鮮ならまず刺身で食べますが、食べ切れなければ酢や塩をしたり、米ぬかに漬けて保存したりと、たくさん手に入るからこその工夫が見られます。

〈千葉県〉

ごま漬け

小さいけれど旨みの濃い背黒いわし（かたくちいわし）とたっぷりの黒ごま、しょうが、唐辛子、ゆずの酢漬けです。さっぱりとして風味豊かで、おかず、酒肴、おせちなどに広く親しまれています。

房総半島の太平洋側でなだらかなカーブを描く九十九里沿岸は海底が平坦で遠浅、沖を通る黒潮がプランクトンを豊富に運び、いわしの生息に適していました。江戸時代に木綿栽培の肥料としていわしの需要が全国的に高まり、いわし漁はおおいに栄えました。今でもいわしの加工場やいわし料理店が軒を連ねています。

さんまの旬が過ぎて冬がくると、背黒いわしの季節です。刺身やごま漬け、だんご汁などで食べられます。ごま漬けにするには小さい方がよく、大きくなり脂がのってくると臭みが出ることがあるので、地元では「今日は小さい背黒があるかな…」と漁協に買いに行くそうです。「卵を持つとあたる、節分まで」といわれ、節分を過ぎると生では食べず頬刺し（丸干し）などにして食べられます。

協力＝中村典子　著作委員＝中路和子

<材料> つくりやすい分量（仕上がり500g強）

背黒イワシ…1kg
塩…50g
酢…2.5カップ
酒…少々
しょうが…2かけ（40g）
ゆずの皮…1個分
赤唐辛子…適量
黒ごま…80g

<つくり方>

1 新鮮な背黒イワシを氷水に入れる。1尾ずつ頭と内臓をとり、別に用意した氷の入った塩水（500mℓの水に塩大さじ1弱程度）に入れる。
2 1のイワシをザルにあげ、水けをきる。ボウルなどに入れ塩を全体にまぶし、ラップをし冷蔵庫で一晩おく。
3 2をさっと水洗いし、水けをきり、酢に一晩漬ける（袋・ラップなどで覆って冷蔵庫へ。密閉容器でもよい）。
4 しょうがとゆずの皮はせん切りにし、赤唐辛子は種をとり小口切りにする。
5 3のイワシをザルにあげる。深めの密閉容器の底に黒ごま、赤唐辛子、しょうが、ゆずの皮各少々をちらし、イワシを1段並べ、酒少々をふる。
6 5を繰り返して4〜5段重ね、最後にラップをかぶせて空気を抜くように軽く手で押さえ、蓋をする。
7 冷蔵庫に入れ、翌日〜3日目くらいが食べごろ。

◎6であまり強く押さえるとふんわり感がなくなるので、軽く押さえる。

背黒いわしの刺身のつくり方

新鮮な背黒いわしが手に入ったら、まずは刺身で食べたいもの。しかし、小さいいわしを一尾ずつおろすのは根気のいる作業です。かつては冷水の中で手を真っ赤にしながらおろしていましたが、ここでは荷造りテープやスプーンでおろす簡単な方法を紹介します。

<つくり方>

エラと胸ビレのうしろあたりに、U字形にした荷造りテープの側面を突き立てるようにくいこませる（写真①）。そのまま骨に沿って引き、半身を削りとる（写真②、③）。裏返して残りの半身も同様に削り、三枚おろしの完成（写真④）。スプーンでも同様に半身ずつ削りとる。しょうが醤油などで食べる。協力＝熱田恵子　著作委員＝梶谷節子

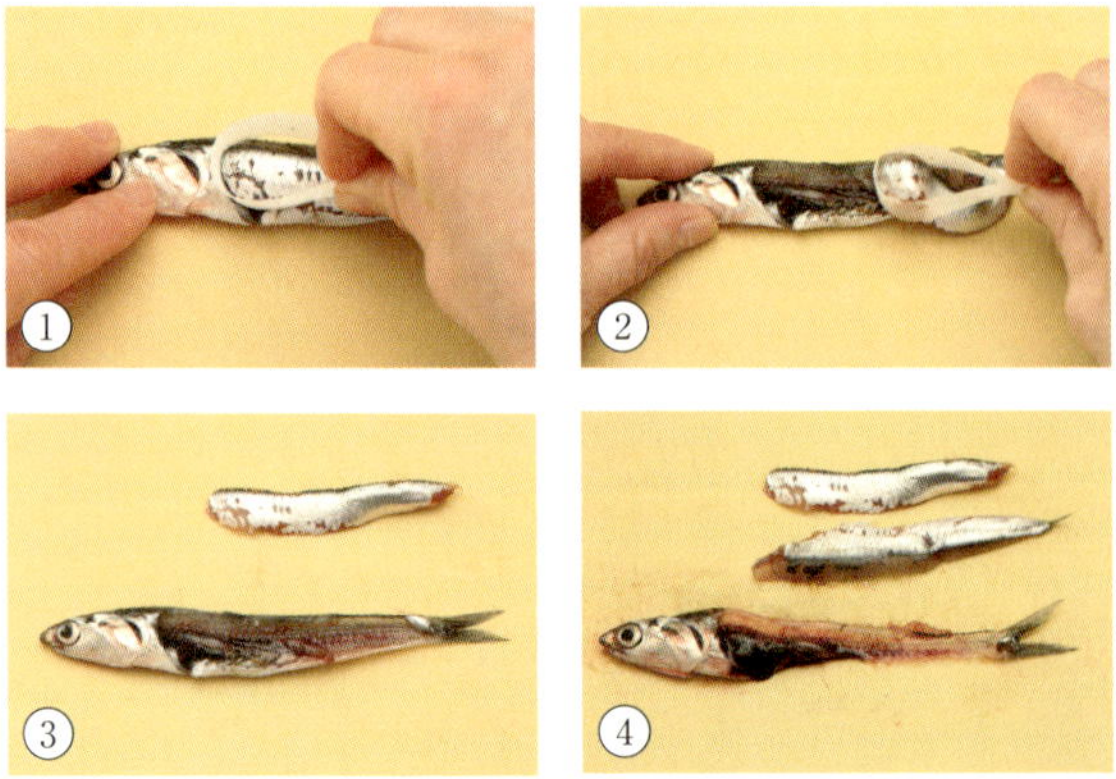

撮影／高木あつ子

〈千葉県〉

いわしの卵《う》の花漬け

卵の花漬けは、「からなます」「から（おから）ずし」ともいいます。おからに甘酢で味をつけ、いわしの酢じめやゆでだこの薄切りなどを、にんじんのせん切りやねぎの小口切りなどの野菜と一緒に混ぜたものです。いろいろなつくり方があります。南房総では豆腐をよく食べ、夏には冷ややっこは毎日だったといいます。そのためおからもたくさんあるので、おからをおいしく食べる料理がいろいろ工夫されました。

普段のおかずにもつくりましたが、行事のときにもつくりました。十五夜（月1回、満月に近所の人が集まって念仏をする）、伊勢講（伊勢神宮に参拝した仲間が集まってごちそうをつくって食べる）、冠婚葬祭などです。とくに葬式のふるまいには近所で集まってつくりましたが、これらの行事や習慣もだんだんすたれています。

行事の際にはおからを多くし、うさぎや富士山の形に整えて盛りつけ、目立つようにしたそうです。十五夜の月見に出したので、うさぎ形にしたのかもしれません。

著作委員＝石井克枝

撮影／高木あつ子

<材料> 4人分

イワシ…2尾（300g）
┌塩…15g（イワシの5％重量）
└酢…1カップ
おから…100g
酢…1/4カップ
砂糖…50g
にんじん…1/5本（30g）
しょうが…1/2かけ（10g）
赤唐辛子…1本

<つくり方>

1 イワシの頭と内臓をとり除き、三枚におろす。
2 イワシの身に塩をまんべんなくまぶし、1〜3時間おく。さっと洗って塩を落とし、酢に約1時間浸す。
3 おからを厚手の鍋かフライパンで乾煎りし、酢と砂糖を加え、しっとりさせる。
4 にんじんはせん切りし、沸騰した湯に入れてさっとゆでる。
5 しょうがはせん切りにする。赤唐辛子は種をとり輪切りにする。
6 酢につけたイワシの薄皮をとり、3〜4切れにし、3、4、5を混ぜ盛りつける。

◎多くつくるときには、2でイワシに塩をまぶしたら一晩おく。

◎お祝いのときにはおからを多く入れ、丸くまとめてウサギのような形にする。

〈石川県〉

いわしの塩煎り

いわしを塩水でゆでてからさっと煎りつけて、しょうがと酢醤油で食べるシンプルな料理です。ゆでると余分の脂がとれてさっぱりし、何尾も食べられます。

かつて石川県ではいわしがたくさんとれ、金沢市近在の金石港《かないわ》では、漁港周辺の道などにいわしの詰まった木箱が一面に並んだといいます。網から揚がったばかりのいわしには砂がついていて、それが新鮮な証拠です。いわしは港から金沢市内に売りに来ていましたが、中にはわざわざ砂をつけて売ったという話もあったそうです。

昔はおかずは少なかったのですが、とにかくいわしはよく食べました。いわしの揚がる時期になると、地域によってはご飯の代わりにいわしを食べるため、塩煎りしてさっぱりしたものを1人で8～9尾も食べたといいます。5～6cm前後の小いわしもよく使われて、その場合は骨ごと食べることができます。薬味としてはしょうがを使うことが多いのですが、大根おろしを使う家もあります。

著作委員＝新澤祥惠、川村昭子、中村喜代美

撮影／長野陽一

<材料> 4人分

イワシ…4尾（または小イワシ300g）
┌水…2カップ
└塩…大さじ1
酢醤油、しょうが…各適量

<つくり方>

1. イワシは包丁を使わず手で頭をとり、腹を開いて内臓をとって洗う。
2. 浅鍋に塩水を沸騰させ、イワシをゆでる。
3. 火が通ったら、ゆで汁を捨て、弱火にかけさっと煎りつける。
4. しょうが（おろしまたはせん切り）を添えて、好みの配合の酢醤油をかけて食べる。

〈石川県〉

かぶし

こんかいわし（いわしのぬか漬け）を煮てほぐし、酒粕と混ぜたペーストで野菜を煮た鍋です。強い塩けに、ぬか漬けと酒粕の発酵した香りや酸味が一体となって、深い味わいになります。能登半島のつけ根あたりにあった旧志雄《しお》町（現宝達《ほうだつ》志水《しみず》町）周辺でつくられてきた料理で、よそから嫁いできて最初は慣れない味だと感じていたのが、いつしか冬には欠かせない料理になっていたと語る人もいます。

かつては生ではなく漬物の野菜を刻んで煮ていたそうです。それとよく似た料理で、酒粕でなく甘酒とこんかいわしを混ぜたペーストで野菜の漬物を和えた「どぼ漬け（どぶ漬け、すいもんともいう）」もつくられます。こちらは魚醤となれずしを合わせたような風味と味になります。このあたりには福井県の若狭高浜から通い漁に来ていた漁民が定住するようになり、どぼ漬けはその人たちから伝えられたといわれ、もっと北の奥能登とは若干異なった食文化があります。

著作委員＝新澤祥惠、川村昭子、中村喜代美

＜材料＞ 4〜6人分

かぶしのもと
- こんかいわし*…1/2尾
- 酒粕…100g

大根…1/3〜1/4本（400g）
白菜…1/4株（300g）
にんじん…1/4本（40g）

*いわしのぬか漬けのこと。

＜つくり方＞

1 こんかいわしはぬかを落とし、かぶるくらいの湯（分量外）に入れ煮立てながら（写真①）、骨をとり（写真②）、身をほぐす（写真③）。そぼろ状になるまで煮つめる（写真④）。酒粕とよく混ぜ火を止める。これが「かぶしのもと」。

2 大根はせん切りもしくは千枚おろし*でおろす。白菜は小さめに切る。にんじんはせん切りにする。

3 鍋に野菜とかぶしのもとを入れて（写真⑤）弱火で煮る。野菜から水けが出てきて、全体に火が通ればできあがり。

*太めの大根つき。百人前おろしとも。沖縄の「シリシリー」などと同様。

どぼ漬け。ぬかをとってほぐしたこんかいわし50gと甘酒100g、細かく切った野菜の浅漬け220gを和える

撮影／長野陽一

〈石川県〉

べか鍋

ひと頃、石川県のいわしの水揚げ量は全国でもトップクラスだったそうです。いわしは普段のおかずの主役でしたが、食べきれない分は各家庭で冬に備えてこんか漬け（ぬか漬け）にされました。こんかいわしはそのまま焼いて食べることも多いですが、能登ではぬかを除いて大根漬けや白菜漬けを小さめに切ったものと鍋にして家族でつついて食べたという話を、あちこちで聞きました。

これにさらに酒粕が加わったのがべか鍋で、酒粕は全国に出稼ぎに出ていた能登の杜氏たちが持ち帰ってきて利用が広まったともいわれています。こんかいわしと酒粕を混ぜてペースト状にしたもので野菜を煮る「かぶし」（p10）の原型とも考えられる料理です。

こんかいわしで野菜の漬物を煮るので、かなり塩辛いものになりますが、冬場に新鮮な野菜が手に入らない時代の食べ方だったのでしょう。今では生の野菜を使うことが増えています。ここでは塩漬け野菜を少し入れて、漬物の風味も加えたレシピにしています。

著作委員＝新澤祥惠、川村昭子、中村喜代美

撮影／長野陽一

＜材料＞ 4〜6人分

こんかいわし…1尾（120g）
大根…1/3〜1/4本（400g）
白菜…1/4株（300g）
浅漬け大根…50g
浅漬け白菜…50g
酒粕…200g

千枚おろし（p10参照）

＜つくり方＞

1 大根はせん切りもしくは千枚おろしでおろす。白菜は幅2cmほどに切る。
2 浅漬け大根と白菜は2cmほどに切る。
3 鍋に1の大根と白菜を敷き、その上にぬかをとったこんかいわしをのせ、2の浅漬け野菜とちぎった酒粕を入れる。蓋をして約10分煮る。野菜から水分が出るので、水は入れない。
4 火が通ったら、こんかいわしの中骨をとる。ほぐして野菜と混ぜ合わせながら食べる。

撮影／五十嵐公

＜材料＞8個分

イワシ*…4尾（400g）
卵…1個
味噌…大さじ1/2
小麦粉…大さじ5
しょうが…30g（1かけ半）
にんじん…50g（1/3本）
ごぼう…100g（1/2本）
酒粕（板粕）…40g
煮汁
- 水…3カップ
- 醤油…大さじ3
- 酒…大さじ2
- 砂糖…大さじ1

山椒の葉…少々

*市販されているいわしミンチ（調味料が入っていないもの）でもよい。

＜つくり方＞

1. イワシの頭、骨、内臓をとり除き、まな板の上で包丁で細かくなるまでたたく。すり鉢に入れ、すりこぎで粘りが出るまでする。
2. 溶き卵、味噌、小麦粉、おろししょうがを加えてよく混ぜる。
3. にんじんとごぼうは細めのささがきにする。酒粕は2〜3㎜のサイコロ状に切る。
4. **2**に**3**を入れて混ぜる。8等分し、小判形に整える。
5. 煮汁の材料を鍋またはフライパンに入れて中火にかけ、煮立ったら**4**を並べて入れ、落とし蓋をする。
6. 再度煮立ったら中火にし、さらに15分ほど煮る。器に盛り、山椒の葉をのせる。

〈鳥取県〉

いわしだんご

たたいたいわしに、ごぼうやにんじん、味噌を加えてつみれにし、醤油味の汁で煮た料理です。昔は県沿岸部で真いわしが大量にとれ、安価で手に入ったため、日常のおかずとしてよくつくられていました。いわしの旨みがごぼうやにんじんにもよくしみこみ、素朴な味わいです。味噌と醤油の加減もちょうどよく、ご飯がたくさん進みます。地域によって材料は少しずつ変わりますが、酒粕を入れると魚の生臭みがやわらぎ、甘味や旨みも増します。酒粕は奈良漬けや粕漬け、粕汁に使ったりと日常的によく使われていました。

以前は魚を売り歩く行商の人がおり、沿岸部だけでなく海から少し離れた倉吉市でも生のいわしを買っていわしだんごをつくっていました。最近ではいわしの漁獲量が減り、高価なものになりましたが、鳥取の人にとってはなじみ深い料理。6〜7月にはあご（とびうお）でもつくります。スーパーの惣菜売り場では通年販売されており、広く親しまれています。

協力＝陰山喜代美、福井冨美子
著作委員＝松島文子、板倉一枝

〈岡山県〉

いわしのへしこ

鳥取との県境あたりの県北部は中国山地に囲まれていて、海の魚は山陰から来た行商から買っていました。いわしやさば、しいらの塩ものや、にしん、するめなどの乾物が主でした。いわしは安かったのでトロ箱でまとめ買いし、簡単にできる加工品としてぬか漬けの「へしこ」にして保存しました。こうすると半年から1年ほども食べられます。

漬けた桶からとり出すときのにおいには閉口しますが、食べると何ともいえない風味とこくがあります。ご飯が進む塩加減で、弁当のおかず、お茶漬け、酒のつまみに食べました。ぬかをつけたまま焼くことで香ばしさが加わり、しっとりとした口当たりになります。

かつては塩をしたいわししか手に入らず、その保存法としてぬか漬けにしましたが、鮮魚が簡単に手に入る今でも、わざわざ塩漬けからつくってへしこにしたくなるおいしさです。また、県北は米どころで酒や味噌をつくる麹も豊富にあったので、麹を少し入れたところ一層おいしくなったそうです。

協力＝小椋隆子　著作委員＝藤井わか子

＜材料＞ つくりやすい分量

イワシ…大10尾（1尾150〜200g）
塩…2〜3合
米ぬか…7合
米麹…ひとつまみ（大さじ1程度）
赤唐辛子…少々

＜つくり方＞

1 イワシは内臓をとってバットに重ならないように並べ、イワシが見えなくなるぐらい塩をふり、ラップをかける。
2 1を15℃以下の風通しのよい冷暗所に1日おくと水分が出てくる。この水分を除き、さらに塩をふりもう1日おく。さらに水分が出ていれば除いてまた塩をふりラップをかける。水が出てこなくなり塩にかぶっている状態になったら、そのまま風通しのよい冷暗所に1〜2週間おく。
3 2の塩漬けイワシを軽く水洗いして、水分をふきとる。
4 容器にぬかを敷きつめ、その上にイワシを重ならないように並べ、その上にまたぬかを敷きつめる。
5 4の上に米麹をパラパラとふり、全体にまぶし、赤唐辛子を適当に切って散らす。
6 空気に触れないように表面にラップをして蓋をする。1kg程度の重しを載せてもよい。
7 熟成は最低3〜6カ月ぐらいかかる。ぬかがかたくなり魚にはりついた感じになれば完成（写真①）。1年ぐらいおくとおいしくなる。
8 食べるときはぬかからとり出して洗わずに焼く。ぬかがついている方が香ばしい。

◎上から重しを載せた方が早く熟成発酵する。
◎15℃以下の冷暗所がない場合は冷蔵庫に入れる方がよい。ただし臭いがこもるので、密封容器を使う。

撮影／長野陽一

〈広島県〉

小いわしの刺身

広島県では、かたくちいわしのことを「小いわし」と呼びます。体長10cm程度のものを手開きして何度も水洗いした刺身は「七度洗えばたいの味」といわれ、広島湾沿岸にいるからこそ味わえる料理です。

毎年6月10日が解禁日で、夏は朝どれの小いわしがすぐに店頭に並びます。かつては広島市内の繁華街の本通《ほんどおり》にも、リヤカーで新鮮な小いわしを天秤ばかりで売る行商の女性の姿が見られました。

のりやかきの養殖がさかんだった広島市南区では、小いわしが主食といわれるほど一年中、毎日食べていたそうです。刺身で食べることが多く、他になます、煮なます、から揚げ、天ぷら、南蛮漬け、塩焼き、一夜干し、つみれなど。11月の亥《い》の子祭りには三枚におろした小いわしを炊きこんだ醤油飯をつくったり、山寄りの親戚にはぬか漬けや塩漬けにして手土産にしたりしました。だしはすべて、かたくちいわしを干したいりこを使い、だしがらも干して粉にして、塩を混ぜてふりかけにしたそうです。

協力＝入江孝子、三宅敏行
著作委員＝奥田弘枝、渡部佳美

撮影／高木あつ子

＜材料＞ 4人分

小イワシ（カタクチイワシ）…40尾
醤油…大さじ4
おろししょうが…小さじ2

＜つくり方＞

1 小イワシは水洗いして頭をとり除き（写真①）、腹から親指を入れ、中骨に爪を当てながら尾ビレに向けて指を動かし、腹を開く（写真②）。
2 背骨をとり除き、手で三枚におろし（写真③）、内臓やウロコをきれいに洗い流す。
3 身の色が透明になるまで何度も冷水で洗い流し（写真④）、水けをふきとる（写真⑤）。丁寧に水洗いすることで、臭みがとれ身が引き締まる。
4 しょうが醤油で食べる。

◎ティースプーンや荷造りテープを用いて三枚におろす方法もある。スプーンの先や輪にした荷造りテープをエラにあて、尾に向かって、背ビレに沿って身をこそぐ。魚を返して反対側も同じように身をこそぐ（p6参照）。

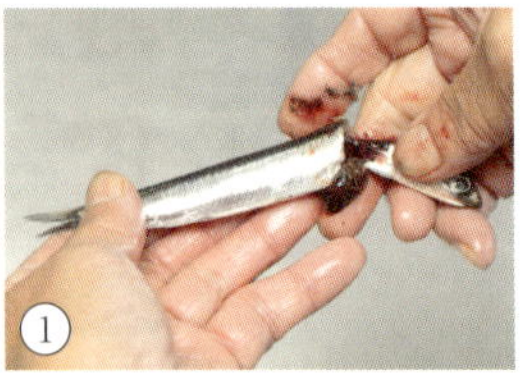

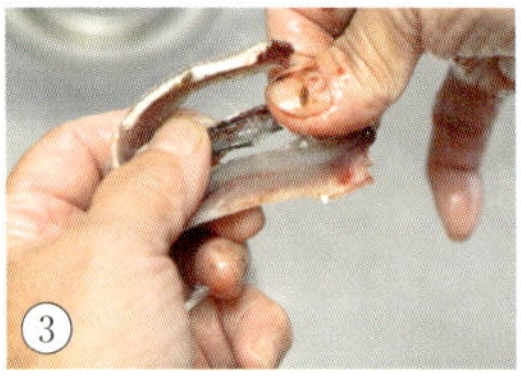

〈福岡県〉

いわしのぬかみそ炊き

九州の玄関口、北九州の伝統的な家庭料理で、ぬか床漬け（ぬかみそ漬け）のぬかみそを入れて炊いた煮魚です。古く小倉《こくら》城内で調理をした御殿女中の間で交わされた呼び名から、別名「おおさじ煮」。青魚を煮るときにひと握り入れると魚の生臭さが消え、よく煮こむことで煮汁の甘辛い風味とぬかみそや山椒の風味が合わさってさわやかな香りとなり、食欲をそそります。

北九州市の中でも小倉は四季を通じ、ぬか床漬けが盛んな土地柄です。そもそもこの地のぬか床漬けは小倉藩藩主だった小笠原家から庶民へと広まったもので、桶に屋号を入れたぬか床が代々受け継がれ、百年ものを誇る家も少なくありません。夏は朝昼夕の3回、冬でも1回は桶の底から混ぜるのが家ちのよい主婦の務めとされ、食べておいしい新鮮な米ぬかでつくるぬか床は自慢の品なのです。娘は嫁ぎ先にも実家のぬか床の継ぎ種《だね》を持参しました。小倉ではぬか床に山椒の実は欠かせず、初夏になるとザルで山椒を買う姿は地域の風物詩といえます。

協力＝下田敏子、萩原郁子
著作委員＝三成由美

撮影／長野陽一

＜材料＞ 4人分

イワシ…10尾（800g）
水…3/4カップ
酒、醤油…各100g
砂糖…40〜80g
しょうが…40g（2かけ）
ぬかみそ*…100g

*野菜を漬ける漬物用のぬか床。赤唐辛子や山椒の実などが入っている。

＜つくり方＞

1. イワシは頭を落とし、内臓を筒抜きする。2％の塩水（分量外）に10分ほどつけて臭みを抜く。
2. しょうがは薄切りにする。
3. 平らな鍋にぬかみそ以外の材料を入れ、イワシを並べ、落とし蓋をして弱火でコトコト煮る。
4. 汁けが少なくなったところでぬかみそを上からのせ（写真①）、ぬかみそがとろけるまで1〜2時間煮る。水分がなくなったら少量水をたす。

◎1〜2時間ずつ3日ほど煮こむと骨までやわらかくなる。

◎梅肉を入れ、酸味が入るとおつな味になる。この分量なら梅干し1個を加えて煮る。

◎毎日火を通せば、夏でも1週間程度日持ちする。

①

〈佐賀県〉

いわしのかけ和え

たっぷりの大根と新鮮ないわしをごま酢味噌で和えています。にんじんの赤ととくわか（わけぎ）の緑が彩りを添え、酢味噌のさわやかさにごまのコクが加わり、おかずにも酒肴にもなります。祭りなどハレの日の料理で、焼き魚のほぐし身や根菜の煮物を混ぜ込んだごちそうの混ぜご飯「すさ飯」と一緒に食べました。「すさ飯」にはさばやたいが使われました。

焼物で有名な有田は内陸部の盆地ですが、伊万里港や佐世保も近く、新鮮な魚も手に入りました。いわしは安価なのでハレ食にも普段の食事にもよく利用しました。また、正月の年取り魚にも丸々と太ったいわしを「にらみいわし」として添えたものです。

いわしのおいしさを引きたてるのは大根です。大量の大根と和えるので、脂ののったいわしもさっぱりと食べられ、消化もよく胃にもたれません。つくるときはまとめてつくるので、豪快に1本丸ごとをささがきにします。

協力＝二宮辰子、松本郁子
著作委員＝成清ヨシエ

撮影／戸倉江里

＜材料＞ 10人分

イワシ…5尾
- 酢水（酢：水＝2：1）…適量
- 昆布…10cm角1枚（10g）

- 大根…1本
- 塩…小さじ2

- にんじん…1/10本（15g）
- 塩…少々

とくわか（わけぎ）…適量
- 白ごま…大さじ4
- 味噌*…60g
- 砂糖…30g
- 酢…大さじ2

*麦味噌や合わせ味噌など好みの味噌でよい。

＜つくり方＞

1 イワシは頭と内蔵をとり、手開きして背骨を除く。半身に切り分け、腹骨を切り落とす。

2 バットに昆布を敷いてイワシを並べ、イワシがかぶる程度の酢水を入れて約10分つける。

3 酢水から出し、皮を頭の方から手ではぎとり、そぎ切りにする。

4 大根は丸ごと皮をむき、縦に6本程度の切れ目を入れ、先の方からささがきにする。塩もみをして約10分おき、しんなりさせたあと、水けをきる。

5 にんじんは薄いそぎ切りにし塩をふり、約10分おき、しんなりさせた後、水けをきる。

6 ごま味噌をつくる。ごまはすり鉢ですり、味噌、砂糖を加えてさらによくすって酢を加える。

7 **6**に**4**と**5**を加え、軽く混ぜ合わせた後、**3**を加えて和える。

8 器に盛り、小口切りにしたとくわかを散らす。

〈宮崎県〉

すのしゅい

「すのしゅい」を漢字で書くと「酢の汁《しゅい》」。竹製の粗いおろし器（たかおろし）ですりおろした旬の大根と、生のいわしや丸干しでつくる、酢のきいたおかずです。畑からとってきた大根を皮ごとおろして大根の水分だけで煮るので、大根の旨みがたっぷりで、冬の寒い晩に熱々の煮汁で体を温めました。酸味をきかせるのはいわしの生臭みをとるためで、酢は仕上げに加えます。県南西部、鹿児島県との県境にある都城市は三方を山に囲まれた内陸部で、新鮮な海の魚は手に入らず、いわしも干物が中心でした。そんな海から離れた地域での、鮮度が落ちた魚をおいしく食べる工夫といえます。

昔は秋の豊穣《ほぜ》祭りで必ず、甘酒、こんにゃく、もち、すのしゅいを食べる地域があり、すのしゅいが普段の菜《さい》（おかず）に出されると、ごちそうと感じたそうです。今でも冬になると新鮮ないわしでつくり、地元の人いわく「やみつきになる味」です。丸干しでつくっても酒の肴に喜ばれます。

協力＝坂元恭子、木下テル子
著作委員＝秋永優子、篠原久枝

撮影／高木あつ子

＜材料＞ 4人分

イワシ*…4尾
大根…600〜700g（大1/2本。中なら1本）
醤油…大さじ4
酢…大さじ3
青ねぎ…適量

*丸干しを使ってもよい。その場合は醤油の量を半分に減らす。

＜つくり方＞

1 大根を皮ごと、たかおろし*でおろす（写真①）。
2 イワシは頭と腹ワタをとる。
3 鍋に1を入れて火にかけ、沸騰したら醤油を入れる。
4 煮立ったらイワシを1尾ずつ汁に浸るように入れ、アクをとりながら弱火で10分ほど煮る。
5 火を止める直前か止めてから酢を加え、最後に小口切りしたねぎを入れる。
6 少し深めの皿に魚を1尾ずつ盛りつけ、大根おろしと汁をたっぷりかける。

*竹製の粗い大根おろし器。鬼おろしと呼ぶこともある。

◎イワシはぶつ切りにしてもいいが、丸のまま使う方が臭みが出ない。

◎酢は早い段階で入れると酸味が飛ぶので、最後に加える。

あじ・さば

今も全国的に親しまれているあじやさば。一尾丸ごとを家庭でおろすのが当たり前でした。尾頭つきのあじの煮物、背開きのさばを漬けたへしこ、そぎ切りのさばのすき焼き風鍋など、日常のおかずにもなれば、ハレの日のごちそうにもなります。

〈千葉県〉

あじの煮つけ

あじはごく日常的に食べられてきた魚ですが、大きな尾頭つきの煮つけはごちそうでした。小あじは内臓もとらずに天ぷらにします。揚げたてはホクホクで、骨ごと食べられます。中くらいのあじは普段の煮魚や、三枚におろして「たたき」や「なめろう（薬味や味噌と一緒にたたいたもの）」「さんが（なめろうを焼いたもの）」にします。粗くたたくと歯ごたえのある食感が楽しめます。

煮つけで食べるとき、おじいさんには一番大きなものが出され、子どもたちには中くらいか小さめの煮つけが2～3尾あてがわれたそうです。おじいさんは目がよくなるといって魚の目玉も食べ、食べた後の頭と骨に熱湯をかけて即席のだし汁を飲み、骨に残った身も残らず食べました。子どももそれを真似して、魚をきれいに食べる習慣が身についていきました。また、煮つけをたくさんつくったときは、翌日、煮汁のしみこんだ煮つけを炭火で焼くと香ばしくて別ものの味になったそうです。

協力＝熱田恵子、梶谷成雄
著作委員＝梶谷節子、渡邊智子

撮影／高木あつ子

＜材料＞ 4人分

アジ…中4尾
しょうが…1かけ
調味液
- 酒…大さじ3～4
- 醤油…大さじ2～3
- 砂糖…大さじ3
- みりん…大さじ3～4

水…1/2カップ

＜つくり方＞

1 アジはゼイゴをとり、内臓をとって水できれいに洗う。盛り付けの表側の皮目に切りこみを入れる。

2 鍋に調味液と水、しょうがの薄切りを入れて火にかける。

3 煮立ったら、切れ目の側を上にしてアジを並べ入れ、落とし蓋をして、煮汁をかけながら中火で7～8分煮る。

4 煮汁が約1/3量になるまで煮る。フライ返しで器に盛りつけ、しょうがをのせる。

〈東京都〉

たたき揚げ

撮影／長野陽一

<材料> 4人分

たたき（すり身）

- アオムロ*…2尾（正味300g）
- しょうが…1かけ
- 卵…約1/3個（20g）
- 小麦粉…大さじ2強（20g）
- 重曹…小さじ1（4g）
- 酒…1/4カップ
- 水…1/2カップ弱（90mℓ）
  （生地のかたさで調整）
- 味噌…大さじ2強（40g）
- 砂糖…大さじ3強（30g）

ごぼう…1/3本（60g）
さつまいも…1/3本（60g）
揚げ油…適量

*ムロアジの一種。

<つくり方>

1 アオムロはゼイゴ、頭、内臓をとり、三枚におろして皮と骨をとり除く。

2 **1**をまな板の上で包丁でたたいて細かくする。フードプロセッサーにかけてもよい。

3 すり鉢に入れなめらかになるまですり、しょうがのすりおろし、卵、小麦粉、重曹、酒と、生地の様子をみながら分量の水を入れ、すり身状になったら味噌、砂糖で味つけをする。

4 ごぼう、さつまいもを1cm大の角切りにして**3**に混ぜ、平たいハンバーグ形をつくる。

5 150～160℃の油で、両面がふっくらふくらみ、きつね色になるまで揚げる。

伊豆諸島の新島《にいじま》や式根島《しきねじま》では、ムロアジの一種のアオムロ（クサヤモロ）やとびうおなど島でとれる魚をたたいてミンチにしたものを「たたき」といい、これに重曹や小麦粉を加えて、たたき揚げやたたき汁として食べます。いも（甘藷）中心の食事だった明治の頃、食生活に変化をつけるために島民が考え出したものが、現在では島の郷土料理として大変親しまれています。

重曹を入れるのが特徴で、揚げたては大きくふくらみ、ふわっとやわらかく、時間がたつともちっとした食感が味わえます。材料や調味料などは家庭で異なり、新島特産のアメリカいも（さつまいもの一種）や明日葉《あしたば》などを入れることもあります。

たたきの材料のアオムロは島名物の「くさや」の原料になる魚で、夏から秋にかけてとれます。鮮度が落ちるのが早く、昔は冷蔵庫や冷凍庫がないので、魚がとれたときだけに食べられる料理でした。現在では市販の冷凍たたきもあり一年中楽しんでいます。

協力＝梅田喜久江、植松育
著作委員＝色川木綿子、加藤和子

なれずし

〈石川県〉

あじを漬けこんだなれずしです。「ひねずし」「くされずし」ともいいます。単に「すす」と呼ぶこともあるのは「すし」の意味かもしれません。熟成した身は濃いベージュ色になり、締まって歯ごたえがあり、旨みが凝縮されてチーズのような風味です。

能登半島の北部、奥能登では夏祭りが盛大に行なわれ、なれずしは祭りのごちそうのひとつとしてつくられます。5月下旬から6月上旬にかけてあじが大量に揚がり、それを2か月かけて漬けこむのです。ちょうど7月から8月の夏祭りに食べ頃になっています。塩の量や重しを増やすと3年くらいの保存も可能であったといいます。

あじ以外にたいやべっと（このしろ）なども使われることがありますが、おいしくて人気があるのはあじなのだそうです。材料には新鮮な魚が必要なので、港に近いところではあじが多く使われましたが、少し山間に入ると昔は交通の便が悪かったのであじは使えず、うぐいなどの川魚を使ったといいます。

協力＝鍛治雪江
著作委員＝新澤祥惠、川村昭子、中村喜代美

撮影／長野陽一

＜材料＞ 20ℓ容器1つ分

小アジ（8～10cm大）…10kg
塩…約500g（アジの4～5%重量）
酢…1.8ℓ
ご飯…1升分
山椒の葉…直径20cmのボウル1杯
赤唐辛子…15本

重し（アジの3～15倍の重さの範囲で、好みで。重しが効いた方が長く保存できる）、桶、バケツなどの容器

＜つくり方＞

1 アジは頭と内臓、ゼイゴをとり塩をふり、軽く重しをして冷蔵庫で3日ほどおく。
2 アジを軽く水洗いしてしっかり水けをきる。バットなどに並べ、アジがかぶるくらいの酢につけて冷蔵庫で一昼夜おく。
3 ご飯は冷ます。山椒はかたい茎は除く。赤唐辛子は輪切りにする。
4 容器にまず、ご飯を薄く敷き、その上にアジを重ならないように並べる。このとき魚をつけておいた酢を手にたっぷりつける。
5 アジの上に山椒を敷き、赤唐辛子を散らす。その上にご飯を敷き、アジ、山椒、赤唐辛子を重ねることを繰り返す。1段ごとに手でしっかり押さえてから重ねる。
6 最後の山椒は蓋をするように多めにのせ、ラップをかける。
7 容器ごとポリ袋に入れ、その上から重しをかける。この状態で冷暗所で40～60日おく。ご飯がしっかり固まるくらいになっているとよい。密閉して重しをかけることで雑菌が繁殖しにくく、乳酸発酵がすすみ、骨までやわらかく食べられるようになる。漬けこみに使ったご飯も食べられる。

〈香川県〉

あじの三杯酢

あじを焼いて、一尾をそのまま三杯酢に漬ける食べ方で、県全域でつくられています。焼いた魚の香ばしさと三杯酢の酸味で食べやすく、冷えてもおいしく焼き魚のパサパサした感じもありません。

瀬戸内海では夏から秋にかけてあじをはじめ、ままかり、きすご(きす)、たなご、ねばこち(〝はたたてぬめり〟や〝ねずみごち〟)などが豊富にとれますが、それらの小魚は出荷されても安価でした。そのため大家族の農家でも買いやすく、暑い夏は三杯酢のさわやかな酸味が食欲をそそるごちそうでした。

現在は、小魚の漁獲量は減少していますが、時期になると店頭で販売されます。店頭の小魚は内臓などは処理されており、他の魚に比べて安いので家庭で使いやすい食材です。三杯酢にすると骨まで食べられるのでカルシウムの供給源にもなり、また保存性もあるのでつくりおきもできて、忙しい主婦にとってありがたい料理法です。

協力＝三野道子、新田雅子、曽我千穂子、中條従子　著作委員＝次田一代、川染節江

撮影／高木あつ子

＜材料＞ 5人分

アジ…小10尾

三杯酢

- 酢…1/2カップ
- 砂糖…30g
- 醤油…1/2カップ
- だし汁（昆布）…1/4カップ
- 赤唐辛子…2本（種をとり除き輪切り）

＜つくり方＞

1 アジは、エラ、腹ワタをとり除く。小アジの場合はゼイゴはとらない。

2 材料を合わせて三杯酢をつくる。

3 焼き網、グリルやフライパンでアジの表面を色よく焼き、焦げ目がついたら火を弱め、中まで火が通るように焼く。

4 2に焼きたてのアジをつける。時々、裏返して味をしみこませる。容器に入れて冷蔵保存しておくと、数日後には骨まで食べられる。3～7日はもつ。

きらすまめし

〈大分県〉

臼杵《うすき》湾に面した臼杵市は、昔から新鮮な魚が手に入る地域です。大豆の生産もさかんで、冠婚葬祭や行事のたびに家庭で豆腐をつくっていました。そのときに出る「きらす（おから）」を使ったのがこの料理。魚をおろした後の中落ちや余った刺身の切れ端を醤油と酒で味つけし、それにきらすをまめして（混ぜて）つくるのです。しっかり味をつけた魚とほんのり甘味のあるきらすの相性はよく、まめすことでしっとりとした舌ざわりになります。庭にあるかぼすをしぼりかけるとさっぱりした味わいで、箸が進みます。

江戸時代、財政が厳しかった臼杵藩では、質素倹約が勧められていました。そんなときに魚の切れ端と豆腐の副産物のきらすを無駄なく使ったこの料理が広まり、今に残っているといわれています。もともとは豆腐をつくったときに「おからができたからつくろうか」とつくっていましたが、今ではきらすまめしを食べたいからきらすを買ってつくっているそうです。

協力＝宇佐見裕之
著作委員＝西澤千恵子

撮影／戸倉江里

＜材料＞ 5人分

きらす（おから）…300g
アジやブリ、カツオ、サバなど刺身用の魚…200g
醤油…1/4カップ
酒…大さじ1と1/3
かぼす*…1個
小ねぎ、しょうが、にんじん…各適量
*ほかの柑橘や酢でもよい。

＜つくり方＞

1 魚を三枚におろして刺身にする。
2 醤油と酒を混ぜ、その中に1を30分以上つける。
3 小ねぎは小口切り、しょうがはおろして汁をしぼる。
4 食べる直前にきらすと小ねぎ、しょうがのしぼり汁と好みでにんじんのせん切りを混ぜ、2をつけ汁ごと加えて混ぜる。
5 かぼすをしぼって混ぜる。皿に盛り、しょうがのせん切りをのせる。

◎きらすはから炒りしたり、少量の油で炒めてから使うと日持ちがよくなりコクも出る。

〈神奈川県〉

さばの味噌煮

太平洋に突き出た三浦半島は水揚げされる魚種も豊富で、三浦市松輪《まつわ》漁港で揚がる一本釣りの松輪さばは鮮度も脂ののりもよく、地域ブランドに登録されています。味噌煮は、日常的に食卓にあがる料理ですが、三浦半島では2月の初午《はつうま》に行なわれる稲荷講の際、直会《なおらい》で出す行事食でもあります。

お稲荷様にお供えするものは、米、塩、お神酒《みき》、かけ魚（金目鯛一対）と赤飯と油揚げ。集まっての会食には、煮しめ、魚の煮物、赤飯、ごった汁（豆腐、まぐろ、大根、長ねぎが入った味噌味の汁）と甘酒で、この魚の煮物がさばの味噌煮です。初午の頃にとれる寒さば（真さば）はとくに脂がのっています。

稲荷講は農事の始まりの時期にあたるので、予祝《よしゅく》（豊作を祈って農作業の所作などをする前祝い）の意味もあり、農家にとって大事な行事です。しかし、最近は講に参加する人数が減ってきたので、会食は大々的には行なわれず、お稲荷様へのお供えだけになっているそうです。

協力＝高橋久枝、吉田和子
著作委員＝大越ひろ

撮影／五十嵐公

<材料> 4人分

サバ…1尾（4切れ分・1切れ60〜70g）
煮汁
- 水…1と1/2カップ
- 酒…1/2カップ
- 味噌…大さじ3
- 砂糖…大さじ3

しょうが…1かけ（20g）
醤油…小さじ1

<つくり方>

1 サバは4切れにおろし、皮に切りこみを入れ、さっと熱湯を通す。
2 4切れが入る大きさの鍋に、煮汁の材料を入れ、ひと煮立ちさせる。
3 煮立てた煮汁に、サバを皮を上にして並べて入れる。
4 落とし蓋をして中火で約5分煮てからアクをすくう。
5 落とし蓋をとり、しょうがのせん切りを入れて、約10分煮る。
6 最後に香りづけに醤油を入れて火を止める。しばらくおいて味をなじませる。

撮影／長野陽一

＜材料＞ 5人分

しめサバ…1枚（半身・約200g）
谷田部ねぎ…5〜6本（350g）
和え衣
- 白ごま…大さじ2と1/2
- 味噌…60g
- 練り辛子…大さじ1
- 砂糖…75g
- 酢…大さじ4

＜つくり方＞

1. ねぎは斜めに切ってさっとゆでる。布巾に包んで水けをしぼる。
2. しめサバは薄皮をはぎ、短冊に切る。
3. 白ごまは、すり鉢ですって、味噌、辛子、砂糖、酢を入れて、さらによくする。
4. 3の衣で1と2を和える。

〈福井県〉

さばのぬた

県南部の嶺南《れいなん》地域は、古くは若《わか》狭国《さのくに》といわれ、朝廷に食料を献上する「御食国《みけつくに》」のひとつでした。若狭湾の豊富な海産物が重用され、中でもさばは若狭と京を結ぶ道が「さば街道」と呼ばれるほどの象徴的食材です。かつてはそれこそ〝捨てるほど〟とれ、海辺ではリヤカーから落ちたさばは勝手に持ち帰って食べたという話もあります。

また、よそでつくっても同じものはできないといわれる小浜市の谷田部《やたべ》ねぎは、植え替え時に斜めに植えることで釣り針状に曲がり、さらに甘味が強く味わい深くなります。この二つを合わせてつくる「ぬた」は、嶺南では冠婚葬祭のごちそうとしてつくられました。現在はもっと気軽に、日常でもよく食べる家庭料理になっています。

和え衣は辛子酢味噌です。甘さもありますが、鼻にツーンとくるほど辛子を入れるのが特徴です。ぬたが水っぽくなってしまうとおいしくないのですが、すりごまが旨みを加えるだけでなく水分を吸ってもくれます。

協力＝仲野光恵、河野美代子、御食国若狭おばま食文化館　著作委員＝佐藤真実

〈福井県〉

へしこ

「へしこ」は魚のぬか漬けです。半年以上熟成させたへしこは魚の旨みが凝縮され、濃厚なかつお節のような香りです。軽く焼くと香ばしさも加わってさらにおいしく、香りだけでもご飯を食べられるほどです。

もっともポピュラーなのはさばのへしこですが、かつては、海に近いところでは、売りものにならない細々した魚が出ると塩漬けしておき、それがたまるとへしこをつくり、普段のおかずとして食べていました。脂けのない魚は、脂ののった魚と混ぜて漬けるとおいしくなったそうです。そうしてつくったへしこは売り物にもなりました。

山間部では、行商でやってくる「ぼてさん(魚売り)」のいわしやさば、さらにそのへしこを米と物々交換したそうです。

単純な材料でも仕込み方や配合の違い、毎年の天候などで微妙に味が変わります。今では家庭で手づくりする人はまれになりましたが、県民のソウルフードであることに変わりはありません。

協力＝女将の会（加藤美樹子、宮下好子、高橋良江、志賀房江）　著作委員＝佐藤真実

撮影／長野陽一

若狭湾に面する美浜町日向（ひるが）では、漁村の民宿の「女将の会」がへしこづくりをしている

さばの塩漬け中の樽。旨みの濃い汁「しえ」があがってきている。重しは庭石として加工されているものを利用

塩漬けの後、もとは舟小屋だった倉庫で熟成させる。重しが傾いてないか、よい発酵の香りがしているかなどをこまめに点検する

できあがったへしこ

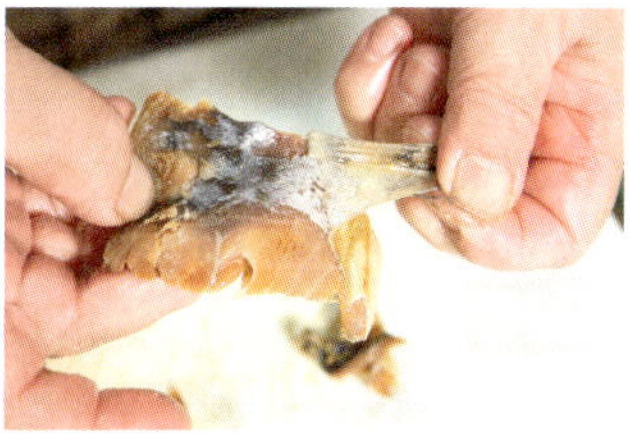

刺身で食べるには薄切りにして薄皮をむく

<材料> 2斗（36〜40ℓ）の漬物樽1つ分

魚（おもにサバ）…40尾
塩…800g
米ぬか…0.5斗（9ℓ）
調味液
- 醤油…0.9ℓ
- みりん…0.9ℓ
- 焼酎…0.9ℓ
- 砂糖…ひとつかみ（30〜40g）

赤唐辛子…適量

<つくり方>

1 サバは、背開きにして内臓をとり出す。血をきれいに洗う。
2 【塩漬け】サバ全体に塩をふり樽に並べる。軽い重しをして、1〜2週間漬ける。サバから水分が出たらとり出す。
3 【本漬け】ぬかを樽の底に薄く敷き、サバを開いて並べ、調味液をかける。この繰り返しで、サバを1段ずつ重ねていく。落とし蓋をして30kgの重しをする。
4 虫よけと日よけのために黒ビニール袋で樽全体を覆う。約10カ月から1年くらいまで風通しのよい冷暗所で保存する。
5 週に1回程度確認し、熟成が進んで重しが傾くのを直し、あふれてくるぬかをとり除く。10カ月ほどでサバが飴色になっていればよい。
6 できあがったへしこは食べやすい大きさに切り、ぬかが香ばしくなるくらい軽く焼いてご飯とともに食べる。

◎刺身なら、ぬかを除いて薄切りにし、薄皮をむく。大根のスライスにはさんでもおいしい。
◎好みの大きさに切ったへしこをそのまま、もしくは軽く焼いてお茶漬けにしてもおいしい。

〈島根県〉

さばの煮ぐい

さばの煮ぐいは、いわゆるすき焼きのような甘辛い味つけの鍋です。秋から冬の脂がのったさばでつくるとくにおいしく、寒い冬には体を温めてくれます。暖かい対馬暖流と深海の冷たく栄養に富んだ海水とが混ざり合う島根県沖は、魚の餌となるプランクトンが多い豊かな漁場で、浜田市をはじめとする西部地域では昔から漁業がさかんに行なわれてきました。さばの漁獲量も多く、県内にはさばを用いた家庭料理がたくさんあり、この煮ぐいも外せない一品です。

煮ぐいは漁師が船上で食べていたのが始まりといわれ、一般的には生さばを用いますが、生さばが手に入りにくい山間部では、焼きさばやいわしなどでつくりました。西部では魚を使った鍋が他にもあり、さばをすき焼き風にすると「煮ぐい」、白身魚を使い水炊き風につくると「へか鍋」と呼ぶことが多いようです。東部地域の、島根半島の東端にある美保関町《みほのせきちょう》にも煮ぐいと同じような料理があり、ここではさば鍋というそうです。

協力＝島根県食生活改善推進協議会、宮本美保子　著作委員＝石田千津恵、藤江未沙

<材料> 4人分

サバ…400g（中1尾、小2尾、大片身など）
大根…7〜8cm分（300g）
白ねぎ…3本
白菜…1/8株（300g）
えのきたけ…1袋
春菊…1束
豆腐…1丁
割り下
- 醤油…大さじ4
- 水…2カップ
- 砂糖…大さじ3
- 酒…大さじ2

<つくり方>

1 サバを三枚におろし、皮をつけたまま1cm幅のそぎ切りにする（写真①）。

2 大根は短冊切り、白ねぎは斜め切り、白菜、えのきたけ、豆腐は食べやすい大きさに切る。春菊は茎から葉だけをちぎる。

3 鉄鍋に割り下の材料を入れて火をつけ、1のサバを鍋にそって周りに並べ入れる（写真②、③）。

4 煮汁が十分に煮立ったら、鍋の真ん中に大根、白菜を入れ、他の野菜や豆腐も入れて煮る（写真④、⑤）。

撮影／高木あつ子

〈兵庫県〉

さばのじゃう

「じゃう」とは鍋料理のことです。さばやかつおを甘辛い味で煮た魚のすき焼きで、肉類が高価だった頃の漁業地域の春の料理です。語源は地元の人でもよくわからず、炊くときの音からきているのかもしれません。

日本海に面した有数の漁港の一つである香住《かすみ》漁港は年中、豊富な魚介類が水揚げされます。さばは刺身、煮つけ、塩焼きなどいろいろな料理にして食べますが、ねぎがあるときはじゃうにしました。さばが多くとれる5、6月頃には、青ねぎもぎぼし(花。ねぎ坊主)ができるので収穫するため、たくさんあります。脂がのったさばとねぎや豆腐を甘辛い味つけで煮ると、牛肉のすき焼きに負けないおいしさで、みな次々に箸を伸ばします。子どもにねぎを食べさせたいときにつくる料理でもありました。

さばと同様に初夏によくとれるかつおもじゃうにします。冬場の鍋物ではかれいやはたはたなどの白身の魚を寄せ鍋や水炊きなどにして食べることが多いそうです。

協力＝小柴勝昭、秋山芳子
著作委員＝片寄眞木子、本多佐知子、原知子

撮影／高木あつ子

＜材料＞4人分

サバ…1尾
漬け汁
- 醤油…大さじ2
- 酒…大さじ2
- みりん…小さじ1

ねぎ(青ねぎか葉ねぎ)…5本
ごぼう…1本
豆腐…1丁
すきやき割り下
- 水…180mℓ
- 酒…大さじ2
- 醤油…大さじ4
- みりん…大さじ1
- 砂糖…大さじ3

卵…4個

＜つくり方＞

1 サバは三枚におろし、腹骨を薄くそぐように切って除く。身の中央の小骨は骨抜きでとり除く。
2 サバの身を1～2cm幅、刺身より大きめに切り、漬け汁につけて冷蔵庫で30分間おいて、汁けをきる。
3 ねぎは4cm長さ、ごぼうはささがき、豆腐は8つに切る。
4 鍋にサバ、野菜、豆腐を入れ、割り下を1カップほど入れて煮ながらいただく。
5 好みで生卵をつける。

撮影／長野陽一

＜材料＞4人分

刺身用マサバ…300g（正味）
白ごま…大さじ3強（30g）
醤油…大さじ2と1/2（45g）
みりん…大さじ1と2/3（30g）
だし汁（昆布とかつお節）…大さじ1（15g）
刻みのり…適量
わさび…少々

＜つくり方＞

1 マサバの薄皮をむき、3㎜厚さのそぎ切りにする。
2 すり鉢で白ごまを半ずりにして醤油、みりん、だし汁を加え、1のサバを10分つける。
3 器に盛りつけ、刻みのりやわさびなどの薬味を添える。

◎アニサキスは−20℃で死滅するので、心配なときは一度冷凍するとよい。

〈福岡県〉

さばのごま醤油

玄界灘に面し新鮮な魚介類がとれる博多では、昔から鮮度のよいさばが手に入ったら生で食べる習慣があります。10月に入り脂ののったさばが出回るとよく食べられるのが、地元で「ごまさば」と呼ばれる、さばのごま醤油です。通常の刺身より薄く切り、たっぷりのすりごまと醤油、みりんなどを加えた漬け汁につけ、わさびやもみのりなどの薬味を添えて供します。熱々のご飯にのせるとコリコリとした食感を楽しめ、熱い番茶をかけたお茶漬けは身が湯引きされ、あっさりとした味わいです。醤油につけて鮮度を落とさないよう工夫し、すりごまで生臭さを消したことは先人の知恵でしょう。

「さばの生き腐れ」といわれ、傷みやすく、また寄生虫のアニサキス食中毒を起こしやすい魚ですが、福岡では刺身で食べることに抵抗が少ない人が多いようです。それを裏づけるように、日本海側と太平洋側とではアニサキスの種類が違い、福岡のさばは刺身で食べる部位へのアニサキスの移行率が低いという調査結果もあります。

協力＝青木とも子　著作委員＝仁後亮介

〈福井県〉

浜焼きさば

浜焼きさばは、大きなさばを丸ごと1尾、素焼きで焼き上げたもの。県内全域で売られ、家でつくるものではなく買ってきて食べるものとして定着しています。

福井県では、各地で半夏生《はんげしょう》（7月上旬）に焼きさばを食べる「半夏生さば」の風習があります。江戸時代に大野藩の殿様が領民に対し、夏バテ防止のためにさばを食べるよう推奨したことが始まりといわれます。今では時期になるとスーパーで「半夏生焼きさばコーナー」が設けられています。

嶺南（県南部）の若狭地方では、夏の疫病払いの祭りや講に焼きさばが神饌《しんせん》として供えられます。その影響か、夏祭りや秋祭りには焼きさばが親戚や近所に配られることが多いようです。焼きさばは尾頭付きでめでたいのでしょう。昭和初期には、漁村では水揚げしたさばを夜を徹して焼き上げ、早朝に近郊の村々へ売りに行っていたそうです。さば街道（p27参照）の起点にあたる小浜市では商店街の店先や食堂で、一年中浜焼きさばが売られています。

協力＝朽木屋商店、山本和美、河野美代子、仲野光恵、高井育子、前川愛佳　著作委員＝佐藤真実

＜食べ方＞

・たっぷりのおろししょうがと醤油で食べる。冷めてもそのままでおいしいが、電子レンジで温め直してもよい。

・購入したら、1日ほどで食べる。残った身をほぐして、きゅうりやワカメと酢の物にしてもよい。

・残ったら豆腐やねぎと一緒に炊いて煮物にすると、焼き魚の旨みが移っておいしい。

・ほぐした身を甘辛く煮てちらした「焼きさばのちらしずし」もおいしい。

大きな魚焼き器の中で次々に焼き上げられるさば

小浜市のこの店では朝8時から浜焼きさばを販売している

焼きさばのちらしずし

撮影／長野陽一

ぶり・かつおなど

ぶり、かつおのほか、さわらやかじきと比較的大きな魚を取り上げます。おろしたたっぷりの身は刺身や煮魚、酢じめなどさまざまに調理して食べますが、あら、頭、心臓や卵巣など内臓だけでも一品になり、大きな魚を丸ごと食べつくします。

〈富山県〉

ぶり大根

ぶりのあらと大根を煮込んだ、体の温まる冬の煮物です。あらは血合いを丁寧に除くことで臭みがなくなります。あまり甘辛くせずすっきりした味つけに仕上げると、ぶりと大根の旨みを味わいながらたくさん食べることができます。

富山県では「嫁ぶり」という風習があります。娘が結婚して初めてのお歳暮に、娘の旦那様に出世してほしいと、出世魚であるぶりの大きいものを丸々1本、嫁ぎ先に贈ります。「ぶり歳暮」ともいいます。嫁ぎ先ではさばいたぶりの半分を実家に返す「半身返し」をする習わしで、両家で結婚を祝い、近所や親戚に配って喜んでもらうのです。その他多くの行事にぶりの料理がつくられ、また正月の「年取り魚」にもなります。さまざまな機会にさばいた後のあらでぶり大根をつくるというわけです。

ぶりは32cmまではつばいそ、40cmまではふくらぎ、60cmまでをはまち、それ以上をぶりと呼びます。氷見《ひみ》漁港では7kg以上を氷見の寒ぶりとしてブランド化しています。

協力＝村田美知子
著作委員＝守田律子、深井康子

＜材料＞ 4人分

ブリ…片身分のあら（約400g）
大根…1本（約1kg）
酒…1/2カップ
水…1.5ℓ
しょうが…半かけ（約10g）
A ┌醤油…1/2カップ弱（90mℓ）
　│みりん…1/4カップ
　│塩…小さじ1/2
　└砂糖…大さじ1
ゆずの皮のせん切り…少々

＜つくり方＞

1 大根は3cm厚さの輪切りで面とりをし、片面に十字に浅く切れ目を入れ下ゆでをする。
2 ブリのあら（写真①）はよく水洗いし、熱湯にくぐらせ、血合いやぬめりを竹串で丁寧にとる（写真②）。
3 鍋に大根、ブリ、水、酒、しょうがを入れ、強火で煮立て、煮上がったら中火にして時々アクをとる。
4 大根がやわらかくなったらAの調味料を入れ、味がしみるまで煮る（写真③）。一晩おくと大根に煮汁がしみこんでさらにおいしくなる。ゆずを飾る。

ブリは大きくなるにつれて呼び名も変わる。上は成魚のブリ（70cm、7kg）、下は関東ではイナダといわれる幼魚のフクラギ（40cm、1.1kg）

撮影 / 長野陽一

〈大阪府〉

ぶりの照り焼き

　成長すると呼び名が変わる出世魚として縁起が良いぶりは、正月に欠かせない魚で、照り焼きや塩焼きで出されます。大阪では小さいものからつばす、はまち、ぶりと呼びます。昭和30年代にガスが普及する以前には、たれにつけて焼くぶりの照り焼きは煙が多く出るので、家の外でかんてき（七輪）にのせた網で焼いていたそうです。その後、家の中でガスコンロで焼くようになり、フライパンが普及してからは鍋照りの方法でつくることが多くなりました。ぶりは冬、11月から2月くらいに出回り、焼き物や煮つけ、大根との煮物などにしました。あじやさば、いわしがほとんどの中、ぶりが出されるとちょっとごちそうに感じられ、うれしかったといいます。

　おせち料理には必ずぶりの塩焼きが入っていました。おせち用のぶりの切り身の残りに強めの塩をし、冷蔵庫で保存しておいたものや、おせち料理に入っていた塩焼きの残りは茶碗蒸しの具にしました。

協力＝吉村育子、山本善信・桂子
著作委員＝八木千鶴

撮影／高木あつ子

＜材料＞ 4人分

ブリ…4切れ（1切れ約80g）
醤油…大さじ2
みりん…大さじ2
油…適量

【つけ合わせ：菊花大根】
大根…160g（約4cm輪切り）
塩…小さじ1/2
甘酢
- 酢…大さじ2
- 砂糖…大さじ1と 1/3
- 塩…小さじ1/3

赤唐辛子…1本
菊の葉…8枚

＜つくり方＞

1 ブリを醤油とみりんを合わせたたれに15～20分つける。途中で1～2回裏返す。
2 フライパンを中火で熱し油を入れる。ブリはペーパータオルで水けをよくふき、盛りつけるときに上になる面を下にして入れる。
3 ときどきフライパンを揺すりブリを動かしながら3～4分焼く。厚みの半分以上が白く変わったら返し、蓋をして同様に3分ほど焼く。
4 ブリをバットなどにとり出し、ペーパータオルでフライパンの油をよくふきとる。
5 ブリをつけていたたれを入れて中火で煮立て、とろりとしてきたらブリを戻し入れる。フライパンを揺すり、ブリにたれをからめる。

◎焦げやすいので、ブリをたれにつけずに焼いて、たれを煮つめてからめてもよい。

【つけ合わせ】
1 大根は菊花に切る。塩をしてしんなりすればさっと洗いしぼる。
2 甘酢に赤唐辛子の輪切りを加え、しぼった大根をつけこむ。
3 菊の葉を敷いて、大根を花のように開き赤唐辛子を中央におき、添える。

〈高知県〉魚のぬた（ぶり）

撮影／長野陽一

＜材料＞4〜6人分

ブリの刺身…400〜500g

【ぬた】

葉にんにく…2本（約40g）
白味噌…100g
酢…大さじ2
ゆず果汁…大さじ2
砂糖…大さじ2〜3（18〜27g）

＜つくり方＞

1 葉にんにくの青い部分を細かく刻む。すり鉢でなめらかな緑色のペーストになるまですり、味噌を加えてさらにする。
2 酢、ゆず果汁、砂糖を加えて混ぜる。
3 2を刺身にかけるか、添えてつけながら食べる。

◎ぬたは、新鮮なシイラやキビナゴ、ハマチの刺身やどろめ（生しらす）にかけてもよい。精進では、こんにゃく、厚揚げ、焼き豆腐、煮た里芋にかけたり、樫（かし）の実でつくった「樫豆腐」に添えて食べたりする。

葉にんにく。ねぎ類を好む高知では、葉にんにくも秋から春にかけてねぎと並んで売られている

高知ではぶりの刺身といえば葉にんにく入りの緑色のぬたをつけます。脂ののった冬のぶりは醤油をつけるとはじいてしまいますが、どろっとしたぬたはよくからむのです。旨みの強いぶりとピリッと辛みのある葉にんにく入りのぬたは相性がよく、昔からぶりとぬたは「合《あ》い口《くち》（よく合う）」といわれます。高知の魚というとかつおを想像しますが、冬のぶりは、春から秋にかけて楽しむかつおとは違った味わいのごちそう。皿鉢《さわち》料理（宴会の大皿料理）の一品として出す地域もあります。

葉にんにくは、9月から3月にかけて畑にいつも植わっており、煮物やすき焼き、和え物、刺身のぬたによく使われます。このぬたを刺身全般につける人もいますが、よく合わせるのは、ぶり、どろめ（生しらす）、しいらで、地域によってはきびなごの刺身にもつけます。葉にんにくはゆでてからするのではなく、生のまますることで風味が生き、くせのある魚もあっさりした魚も飽きずに食べられます。

協力＝包国嘉代、川竹満寿子
著作委員＝福留奈美

〈群馬県〉

なまりと野菜の煮つけ

内陸にある群馬県では、家に冷蔵庫がなかった頃は新鮮な魚や刺身を食べることはほとんどなく、日常使うのはするめや身欠きにしん、干したらといった干した魚や切りいかが中心でした。夏の初めに行商の魚売りが運んでくるかつおのなまり節は、季節限定のごちそうとして格別楽しみにされていました。

なまり節を買いに行くと、大きなかたまりから好みの厚さに切ってくれます。身がしっかりしている背側は、早い時期ならたけのこやふきと、夏野菜がとれ始めたら、なすやさやいんげんと合わせると、みずみずしい野菜にかつおの旨みがたっぷりとしみこみ、しょうがもきいてご飯の進む料理になります。田植えの後のごちそうによく出されました。暑い時期には梅干しと煮るとさわやかで、梅干しにも小さくほぐれたなまりがからみ、旨みもしみこんでおいしい梅干しになりました。やわらかな腹側は手でほぐしおかか代わりに野菜にかけたり、薄切りにした玉ねぎやきゅうり、みょうがなどと和え、初がつおの味を楽しみました。

協力＝田中妙子　著作委員＝阿部雅子

撮影／高木あつ子

＜材料＞ 4人分

カツオのなまり節…120g
なす…2本（200g）
さやいんげん…7〜8本（50g）
しょうが…1かけ
水…2/3カップ
砂糖…大さじ1
醤油…大さじ2
みりん…大さじ2

＜つくり方＞

1 なまり節は熱湯を回しかけ、軽くほぐしひと口大に切る。
2 なすは縦半分に切り、表面に切りこみを入れて水にさらして水けをふく。
3 さやいんげんは長さを半分に切る。しょうがの半量は薄切り、残りはせん切りにする。
4 鍋に分量の水と調味料、しょうがの薄切り、なまり節を加えて2〜3分煮る。
5 なすを加え、落とし蓋をしてしんなりするまで煮たら、いんげんを加えて煮汁がほとんどなくなるまで煮る。
6 器に盛り、しょうがのせん切りをのせる。

〈神奈川県〉
しか煮

撮影／五十嵐公

<材料> 4人分

ヒラソウダ*（またはカツオ）…250g
玉ねぎ…1個（230g）
酒…大さじ2
醤油…大さじ1と1/3
砂糖…大さじ1
みりん…大さじ2/3
油…適量
青ねぎ…適量

*ソウダガツオの一種。

<つくり方>

1 ヒラソウダは2cmの角切り、玉ねぎは縦半分に切って薄切りにする。
2 鍋に油を熱して1のヒラソウダを炒め、色が変わったら、酒、醤油、砂糖を加える。
3 調味料が全体になじんだら玉ねぎを加え、蓋をして弱火で炒め煮にする。
4 玉ねぎがくたくたになったら、みりんで味を調える。
5 器に盛り、小口切りにした青ねぎをのせる。

しか煮は、相模湾で秋にとれるヒラソウダと玉ねぎを甘辛く炒め煮にした真鶴《まなづる》町の家庭料理で、名前の由来は「鹿のような味がする」とも「魚の表皮がしかって（光って）いる」とも諸説あります。

古くは漁師料理で、漁船の調理当番が釣ったばかりのヒラソウダでつくった船員のまかない飯でした。船の性能がよくなり漁が短時間になってからは船上でつくることはなくなり、手軽につくれる家庭料理として地域に広まりました。甘辛い味つけはご飯のおかずに好まれ、ご飯にのせて丼のようにして食べることもあります。

同じソウダガツオでも、秋から初冬にとれるうずわ（マルソウダ）は脂が少なく傷みやすいのでしか煮にはせず、強い塩で塩漬けして伝統的な保存食「塩うずわ」に加工されます。辛口塩鮭のように焼くと塩が吹くほどですが、濃厚なうま味は茶漬けにするとおいしく、塩うずわの漬け汁も煮つめて「だし塩」として使ったりします。宗田節の原料もマルソウダで、ヒラとマルでは利用法が大きく違います。

協力＝清水一美　著作委員＝清絢

〈静岡県〉

へその味噌煮

焼津《やいづ》漁港は遠洋漁業の基地として日本有数の漁港で、かつおの水揚げ量は日本一を誇ります。江戸時代からかつお漁がさかんで、大量に水揚げされたかつおをかつお節にして保存する文化が発達し、加工で残ったへそ（心臓）を使った味噌煮やおでんも生まれました。

焼津の漁師の家には「船底一枚海の上」という言葉が伝えられています。海の仕事は危険と隣り合わせ。だからこそ命をかけてとってきたものは無駄なくすべて利用する習慣が根づいてきました。船の上でさばいたかつおの内臓は酒盗にしたり、へそは、船上で漁師たちが生食したそうです。

へそは煮すぎるとゴムのようにかたくなりますが、さっと火を通したものは弾力があり歯ざわりもよく、食べ慣れるとくせになるおいしさです。日本人に不足しがちな鉄分も多く、焼津のスーパーではへそのフライや味噌煮が惣菜として売られ、近海かつおの港がある御前崎では、現在も生のへそが店頭に並びます。

協力＝小池千枝子、八木敏郎
著作委員＝竹下温子

撮影／五十嵐公

＜材料＞ 4人分

カツオのへそ（1個12g程度）…30個
ボイル用
- 水…4カップ
- 酒…1/4カップ
- しょうがの皮…適量

A
- 相白（あいじろ）味噌*…大さじ2と1/2（45g）
- 砂糖…大さじ1と2/3（15g）
- みりん…大さじ3
- 酒…大さじ3
- 水…大さじ3

しょうが…1かけ（25g）

*静岡特有の甘い白味噌。

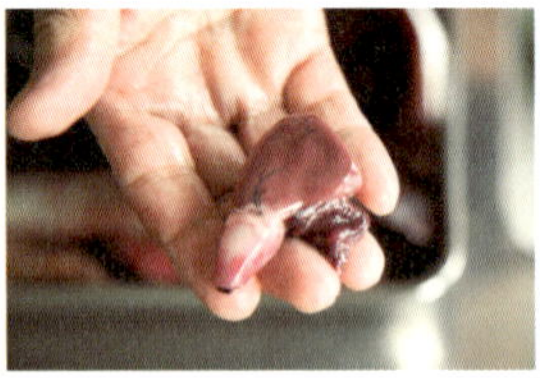

カツオのへそ（心臓）。赤いのが心臓で、白い部分は血管。すべて食べられる

＜つくり方＞

1 カツオのへそをよく水洗いする。
2 しょうがの皮をむき、半量より多めをみじん切り、残りを針しょうが（ごく細いせん切り）にする。皮はとっておく。
3 鍋にボイル用の水と酒、2のしょうがの皮を入れて沸騰させ、1のへそを入れて2分ほどゆで、ザルにあげてさっと洗う。
4 Aの調味料としょうがのみじん切りをとろみが出るまで火にかけ、ゆでたへそを入れ味噌をからませる。
5 器に盛り、上から針しょうがを盛る。

◎臭いが気になるときは、へそを流水で1〜2時間血抜きし、小さじ2〜3のしょうが汁とひたひたの酒（いずれも分量外）に一昼夜浸してからボイルする。
◎へそを調味料で煮こむとゴムのようにかたくなる。ボイル後、味噌をからませる程度がやわらかくおいしい。
◎冷凍のへそを使う場合は、冷蔵庫で解凍後、流水で血抜きをする。

〈京都府〉

生節《なまぶし》と淡竹《はちく》、ふきの炊いたん

海に面していない京都南部では、利用できる魚の種類は限られていて、行商で売りに来るのは焼きさばやじゃこ（煮干し）、めざしなどの塩干物が中心でした。その中で、加熱して日持ちをよくしたかつおの「生節」は春から初夏にかけて出回り、季節を感じる食材でした。

生節はそのままで手軽に使え、うま味も多く、とり合わせた食材をおいしくしてくれます。昭和30～40年代には家庭料理のだしにかつお節や昆布を用いることは少なく、じゃこでだしをとることが多かったのですが、生節を使う料理にはだしは不要でした。

生節と淡竹、ふきは春の「であいもん」です。しっとりと煮汁をふくんだ生節と、淡竹やふきの風味や食感のとり合わせは毎年食べたくなるおいしさです。生節は焼き豆腐とのとり合わせもよくつくられます。びんながまぐろをゆでた「とんぼ節」を使うこともあります。

協力＝綴喜地方生活研究グループ連絡協議会
著作委員＝豊原容子、福田小百合、湯川夏子

撮影／高木あつ子

<材料> 4人分

生節（カツオのなまり節）…4切れ
（1切れ約80g）
ふき…200g
淡竹*…200g
うす口醤油…大さじ4
みりん…大さじ3
酒…大さじ3
砂糖…大さじ2
水（昆布のだし汁でも可）…2カップ

*孟宗竹の後に出回る細くてえぐみの少ないたけのこ。孟宗竹のたけのこでも可。

<つくり方>

1 ふきは塩（分量外）をまぶして板ずりし、ゆでて皮をむき4cmほどに切る。水に一晩つけておく。
2 淡竹は孟宗竹ほどアクが強くないので縦に切れ目を入れて皮をむいて水でゆでる。竹串が通るくらいになったら、火を止めて冷めるまで待ち、冷めたら水を替えて一晩つけておく。食べやすい大きさに切って使う。
3 水と調味料を合わせ煮立たせて、生節を加え1～2分煮る。ふきと淡竹を加えゆっくり煮含める。
4 生節、ふき、淡竹を盛りつけ、煮汁を少しかける。

◎ふきの色をきれいに仕上げたいときは、**3**でふきをさっと煮た後にとり出し、煮汁をさましてから戻してひたしてもよい。

生節《なまぶし》〈和歌山県〉

黒潮にのって北上するかつおは3～5月に県南部の海域に近づくため、田辺市の漁師は小型漁船で近海かつおを一本釣りし、3～4℃の冷水（真水と海水を合わせた水）につけ、鮮度が落ちないうちに日帰りで港に戻ります。漁獲して1時間ほどで食べると、まだ死後硬直していないかつおはもっちりとして噛みきれないぐらいの歯ごたえと食感で、それはおいしいそうです。遠洋ではなく漁場に近いからこそ味わえるのが、和歌山のかつおです。

新鮮なかつおは刺身が最もおいしいですが、たくさんとれたときはゆでて、生節にすると、2～3日は日持ちします。生節はパサパサで食べづらいという人もいますが、上手にゆでるとしっとりとしてやわらかで、かつおの旨みが強く、スライスしてそのまま醤油で食べても、煮つけてもおいしいものです。ですが近年は黒潮の蛇行や、中国や台湾の大型巻き網漁船が遠洋で漁獲するため田辺でのかつおの漁獲は減り、スーパーでの値段も高くなっています。

協力＝中嶋徳藏　著作委員＝三浦加代子

撮影／高木あつ子

かつおの刺身。皮を引き、1～1.5㎝の厚さに切る

＜材料＞4人分

カツオ…1節（背または腹、皮つき。約400g）
［水…2ℓ
［塩…大さじ2弱（30g）
青じそ、みょうが…各適量
醤油、わさび、しょうが…各適量

＜つくり方＞

1. 背節はそのまま、腹節は腹骨を切りとる。
2. 分量の水を沸騰させ、塩を入れる。
3. カツオを入れ、弱火～中火でお湯を沸騰させないようにして15分ほどゆでる。大きいカツオは約20分、小さいカツオは約10分と太さに応じて加減する。
4. 3を平ザルにとり、そのまま自然に冷ます。
5. 適当な大きさに切るか手で身をほぐし、しそやみょうがのせん切りを添えて盛る。醤油、わさび、おろししょうがなどで食べる。

◎湯の温度が高くゆで時間も長いと水分が抜けてかたくなり、旨みも抜ける。ゆで加減がちょうどいいとしっとりと仕上がる。ただし、しっとりとやわらかいものは水分が多く保存性があまり高くないので、早めに食べる。醤油とみりんで煮てもよい。

撮影／長野陽一

＜材料＞ 4人分

カツオの上身（じょうみ）*（新鮮なもの）…1本（300〜400g）
塩…小さじ1
青じそ…4枚
しょうが…1かけ（10〜20g）
醤油…適量

*三枚におろし皮や骨などを除いたもの。

＜つくり方＞

1 カツオはぶつ切りにしてから、包丁で細かくたたく。
2 ボウルに移し、塩をふって、粘りが出るまで手でよくこねる。
3 8等分し、平たい小判形に整える。
4 魚焼き網やフライパンで両面を焼く。中までしっかり火を通さなくてもよい。
5 しょうがをすりおろし、しょうが醤油をつけたり、青じそで巻いて食べる。

「生」の沖なますの丼。魚に玉ねぎとにんにくのみじん切り、赤味噌を混ぜてよくたたく。青じそ、青ねぎを添える

〈徳島県〉

かつおの沖なます

県南東部の漁業がさかんな美波町には、かつおの一本釣りをする漁師の船上料理が伝え継がれています。目の前は黒潮の良好な漁場で、かつてはかつお漁船も多く、沖で一日中かつおの群れを追い、その帰路に釣ったかつおをさばいて包丁でたたき、塩をふり、もんで食べたそうです。生で食べることもあれば、丸めて焼くこともあり、どちらも「沖なます」といいます。

「生」は、そのまま食べる他、ご飯にのせたり、また、熱いお湯をかけると、赤味噌が入っているので味噌汁のような味わいで、三つ葉を加えて食べたりしました。変色しやすいかつおを網で焼いたのが「焼き」で、頭や目、骨もすべて包丁でたたき、すり鉢ですって加えたそうです。全体をしっかり焼くより、中がまだ生の半焼きの方がおいしく、焼きの沖なますは家族への土産にもなりました。持ち帰った生のかつおを使って家庭でつくることもあり、父親が漁から戻った夜は生をつくり、残ったかつおで翌朝、焼きの沖なますをつくりました。

協力＝福井初恵、柳瀬喜久子、寺内昭子
著作委員＝川端紗也花

〈高知県〉

かつおのたたき

かつおのたたきは、高知の「おきゃく（宴会）」に欠かせないごちそうです。春のかつおはぷりぷりとした食感で香りがよく、脂ののった秋のかつおはとろっとした食感で重厚な味わい。それぞれの季節でたたきにして楽しんできました。市販のたたきはいぶした後に冷水にとり、火が通るのを止めていますが、家庭では冷水には入れません。ほんのり温かいたたきはレアステーキのようでおいしいのです。一緒に添えたニンニクの辛みがかつおの旨みを引き立てます。

かつおは直火で焼くことで、皮のコラーゲンがやわらかくなって食べやすくなると同時に、皮下脂肪が溶け出して風味が増します。最近は、家のガスコンロで焼いてつくることが多くなりましたが、ワラやカヤ、松葉でいぶしたたたきは香りが違います。

塩や柑橘酢でたたいてから酢醤油をつけたり柑橘酢のたれをつけたり、食べ方は地域や家庭によってさまざま。使う柑橘や薬味も変えて、かつおを存分に味わいます。

協力＝橋田咲子、山﨑智恵子、土森正典
著作委員＝小西文子、五藤泰子

<材料> 4人分

皮つきのカツオ…1/2尾（2節*。約400g）
塩…2g（魚の0.5%重量）
┌ 醤油…50mℓ
│ 酢、ゆずや夏みかんなど柑橘のしぼり汁…合わせて50mℓ
└
大根のせん切り…適量
青じそ…4枚
小ねぎ…8本
みょうが…2個
玉ねぎ…1/2個
にんにく…2かけ

焼き網（魚焼きグリルについている鉄網でもよい）、金属製の菜箸か串

*三枚におろした半身を背と腹でさらに二つに割ったものがそれぞれ1節になる。

◎つまには、きゅうりの薄切りやせん切り、蛇腹切りを使ってもよい。

<つくり方>

1 カツオは皮を下にして網にのせ、強火にしたコンロの上にのせ、皮から焼く（写真①）。まんべんなく火が回るよう、網ごと菜箸で持って動かす（写真②）。皮は少し焦げるまで、血合いの部分は強めに焼き、身はさっとあぶる（写真③）。

2 皮を上にして、厚みのある方が向こうになるようにまな板にのせる。少し温かさが残っているときに、右端からまっすぐに1cmほどの厚さに切る（平づくり）。包丁は手前に引くように使う（写真④）。

3 塩をふって包丁の腹または手で軽くたたく（写真⑤）。醤油と酢、柑橘のしぼり汁を合わせ、その半量を軽くたたいて味をなじませる。

4 大根のせん切りと青じそを皿に盛る。

5 3をのせ、小口切りのねぎと薄切りのみょうがと玉ねぎなどを散らし、薄切りのにんにくを添える。

6 3で残った調味料をつけて食べる。

◎1のとき、コンロからゴトクを除き、炎の中に入れて焼くと短時間できれいにあぶれる。

①

②

③

④

⑤

カツオを味わう知恵

昔からカツオは捨てるところがない魚といわれます。高知の魚屋では今もカツオが1尾丸ごと売られており、内臓は塩辛に、中骨はすり流し汁にしたり、淡竹などと炊いて上手に利用します。春の上りガツオは、ヒノキや新しい畳にも似た香りがあり、この香りをいかすため、皮ごと刺身で食べます。秋、脂がのった戻りガツオは、角煮や照り焼き、ゆで節などさまざまな料理に使われてきました。

たたきのルーツは諸説あり、漁師の船上料理とも、刺身が贅沢だとして禁じられていた時代に、表面だけあぶって「焼き魚」として食べたのが始まりともいわれています。少し鮮度が落ちたカツオはたっぷりの酢や柑橘酢でたたきますが、県西部では鮮度のよいカツオが手に入るので、にんにくをつけこんだ醤油のみで食べたり塩と少量の酢でたたいた「塩たたき」でも食べます。

撮影／長野陽一

新子《しんこ》の刺身

〈高知県〉

高知ではソウダガツオの幼魚は「新子」「めじかの新子」「ろうそく」などと呼ばれ、昔から親しまれてきました。須崎《すさき》市や中土佐町で新子が水揚げされるのは8月下旬から9月までの短い期間。刺身でおいしく食べられるのは釣れてから10時間以内といわれるほど鮮度が命の魚で、できるだけ手で触れないようさっとさばきます。上品な甘さともちもちとした食感があり、この時期、地元の人たちは脇目もふらず新子を食べるそうです。

高知の家庭には、ゆずや直七《なおしち》、ぶしゅかんなどの酢みかんの木が植えられており、そのまま食べずに刺身やすしなどの料理にしぼって使います。新子の時期にとれるぶしゅかんは、香りが強すぎず、さわやかな味です。新子にたっぷりしぼってかけると、身が白くなってキリッとしまり、食べると濃い旨みと酸味が口いっぱいに広がります。しゃきしゃきとした食感のりゅうきゅう（はすいもの葉柄《ようへい》）とともに食べるとさらにおいしく幸せを感じるそうです。

協力＝橋田咲子、山﨑智恵子、池田洋光
著作委員＝小西文子、五藤泰子

撮影／長野陽一

＜材料＞ 4人分

新子…8尾（500〜800g）
りゅうきゅう（はすいもの葉柄）…適量
ぶしゅかん*…適量
醤油…適量

*ゆずやすだちなどと同じ香酸柑橘（香りや酸味が強く生食よりも薬味や風味づけに向く柑橘のこと）の一種。

新子。マルソウダ（ソウダガツオの一種）の幼魚

三枚におろした後でさっとゆでて「ゆで節」にし、温かいうちに、醤油とぶしゅかんの果汁をつけてもおいしい

＜つくり方＞

1 新子は胸ビレの下から頭に向かって切りこみを入れる。ひっくり返して反対側からも切りこみを入れる。頭についている背骨を切り、頭を持って内臓ごと抜きとる。
2 洗って水けをきり、三枚におろす。腹骨は除く。
3 身を背身と腹身に切り分ける。血合い部分は除く。
4 皮が気になる場合は皮を引く。食べやすい大きさに切る。
5 うす切りにしたりゅうきゅうをつまにする。刺身を皿に盛り、ぶしゅかんを添える。
6 小皿に切り身をのせ、ぶしゅかんの果汁と醤油をかけて食べる。

撮影／長野陽一

＜材料＞ 4人分

カツオのビンタ（頭）（鮮度のよいもの）
…4尾分
水…適量
塩…水の1％重量
うす口醤油…水の1.2％重量
芋焼酎…ちょこ1杯（18mℓ）
キャベツ、にんじんなど甘味のある野菜…適量

＜つくり方＞

1 大鍋に湯（分量外）をたっぷり沸かし、きれいに洗ったビンタを入れ、再沸騰し表面が白くなったらとり出す。下ゆでをすると、冷めても魚臭くならない。
2 別の鍋にビンタが浸るくらいの水を入れて強火にかけ、沸騰したら調味料と焼酎を加える。
3 ぐらぐらと沸騰させたところに、1のビンタと、だし用に大ぶりに切った野菜を入れ、アクをとったら弱火で15分ほど煮て、火を止めて30分ほどおく。煮るときに蓋はしない。
4 ビンタだけをとり出して皿に盛る。

生のビンタ

かつおのびんた料理

〈鹿児島県〉

枕崎市では小中学校の教師が着任した新学期に、地元住民が歓迎の意味をこめてびんた料理をふるまいます。びんたとは鹿児島弁で頭のこと。半分に割って煮た頭を豪快に手でつかみ、頭や頬の肉はもちろん、骨にもかぶりつき、むしりながら骨の髄までとことん食べつくします。

かつお節生産日本一の枕崎市では、かつお節をつくる際に頭や内臓などが大量に残るので、びんた以外も、内臓は塩辛や酒盗、珍子《ちんこ》（心臓）は血抜きをして砂糖、醤油で煮つけ、腹皮《はらかわ》（腹の身の部分）は塩焼きや一夜干しにしたりします。背骨もだし昆布と煮てゆでそうめんも入れ、トロッとした髄も吸って食べるなど捨てるところがなく、猫さえも食べるところがないので「猫またぎ」といわれるほどです。

びんたは、「目ん玉のドロッとしたところを食べると、頭のいい子になる、肌もきれいになる」といわれて小さい頃から食べ、枕崎市の子どもたちはその昔、かつおのおかげで他の地域の子どもより体格がよかったそうです。

協力＝立石愛子　著作委員＝山下三香子

〈富山県〉

昆布じめ

　魚の刺身を昆布ではさんだもので、水分を昆布が吸って魚はねっとりとしてきます。魚自体のうま味（イノシン酸）と昆布のうま味（グルタミン酸）の相乗効果でさらに味わい深くなっています。

　富山県の食文化には昆布が深く根づいており、どの家庭にもいろいろな昆布が常備されています。結納や結婚式の引き出物には箱入りの羅臼昆布、葬式や法要などには白と黒のとろろ昆布などが今でもよく利用されています。

　明治の終わり頃から北海道の昆布産地では、富山県の出稼ぎ漁民はよく働くと、とても歓迎されたそうです。中には独立して親方になる人も現れ、この親方を頼ってまた多くの県民が出稼ぎに行きました。とくに羅臼地方に富山県出身者が多く、富山で昆布といえば、まずは肉厚で濃厚なだしがとれる羅臼昆布のことを指します。

　昆布じめで誰もがイメージするのはさす（かじき）ですが、豆腐や野菜、きのこなどもしめてうま味を楽しみます。

協力＝松野勢津子
著作委員＝深井康子、守田律子

撮影／長野陽一

サス以外の昆布じめもつくられる。これはアジ

水きりした豆腐、さっとゆでた小松菜、軽く焼いたエリンギなどをしめてもおいしい

＜材料＞ 4人分

昆布*…60cm
サス（カジキ）…300g
しょうが…1かけ（20g）

*利尻昆布、羅臼昆布など。

＜つくり方＞

1 サスは昆布じめ用の平づくり（厚さ3mm程度、幅3cm・長さ4〜5cm程度）に切る。
2 しょうがはせん切りにする。
3 昆布を酢水（分量外）でふき、半分に切った昆布の上にサスをきれいにのせて、しょうがをところどころに散らす。
4 上から残り半分の昆布をおいて、ラップに包み、冷蔵庫で2〜3日おく。
5 昆布ごと食べやすい大きさに切る。昆布をはずしてもよいが、やわらかくなっているので一緒に食べられる。昆布のうま味でそのままでもおいしい。醤油は好みで。

◎昆布をはずした場合、魚をしめた昆布は利用しないが、植物性の材料をしめた昆布ならだしや佃煮、煮物などに使う。

撮影／長野陽一

＜材料＞4人分

サワラ…4切れ
うす口醤油…大さじ3.5
酒…大さじ4.5
砂糖…大さじ3
水…1カップ
白ねぎ…1本

＜つくり方＞

1 サワラはバットに並べて薄く塩（分量外）をふり、20分ほどおき、サッと水に通しペーパータオルで水けをふく。塩をせずそのまま煮てもよい。
2 鍋に調味料と水を入れてひと煮立ちさせる。
3 2の鍋にサワラが重ならないよう、皮を上にして入れる。オーブン用シートなどで紙蓋をして煮る。
4 煮汁が沸騰してきたら中火にし、ときどき煮汁を身にかけながら10分ほど煮る。火を止め、そのまま粗熱をとる。
5 器に盛り、煮汁をかける。
6 白ねぎを斜め薄切りにし、鍋に残った煮汁で歯ごたえが残る程度に軽く煮る。サワラの手前に添える。

サワラ。約1m、4kg。側面の中央部に青黒い斑点が並ぶのが特徴

〈岡山県〉

さわらの煮つけ

さわらは岡山で広く親しまれている高級魚です。昭和30～40年頃、さわらが外海から産卵のため瀬戸内海に入ってくる時季（5月）になると「春のさわら」を売りにくる行商の魚屋さんの呼ぶ声が聞こえました。大きいものは70㎝～1m近くあり、刺身、煮つけ、焼き、酢じめなど用途に応じて切り分けてもらいました。朝、水揚げされた新鮮な地のさわらは、やわらかくしっとりした肉質のため、さっと煮ると上品な旨みを楽しめます。

この時季、海のあちこちでさわらが群れをなす有様を「魚島《うおじま》」と呼びました。瀬戸内海の中央に魚島という小島があり、この近辺では多くの魚が集まったといわれ、それに因んだ呼び名との説もみられます。瀬戸内海沿岸で兵庫県と接する日生《ひなせ》地域では、地域の人々の慰労・親睦の寄り合い行事も「魚島」と称し、小さく切ったさわらの酢魚、こうこ（たくあん）、アラスカ（グリーンピース）を混ぜこんだ「さわらのこうこずし」をつくって楽しんだそうです。

協力＝石井つる子
著作委員＝大野婦美子

〈岡山県〉

さわらの真子《まこ》の炊いたん

魚の中で最も格が高いのがさわらという県南地域で、春の産卵期の直前にだけ食べられる料理です。さわら（狭い腹の意）は出世魚で立派なものは全長1mにもなり高価です。真子は春野菜や山菜を取り合わせることもあります。白子（精巣）も煮つけ、酢の物、味噌汁などにします。

煮るとくるりとめくれて花が開いたようになり卵粒が粟のように見えることから「あわこ」とも呼びます。熟して卵粒が大きく産卵直前になった真子は「ひりこ」と呼ばれます。煮てばらばらになった卵粒は集めて寄せ物にするとおしゃれな一品になります。

さわらの季節になると昔の大家族では「魚島《うおじま》しよう」と言って、一尾丸ごと購入し、刺身、酢ざかな（皮つきの刺身くらいの切り身を酢じめにしたもの）、焼き、煮つけなどさまざまな料理をしてさわらを堪能していました。さわらの前段階の若魚のさごし（狭い腰の意）はさばくらいの大きさで安価で気楽に用いられています。

協力＝片山由子、武鑓純子、竹内ひとみ
著作委員＝青木三恵子

撮影／長野陽一

＜材料＞ 4人分

サワラの真子（卵巣）…300g
しょうが…適量
水…2カップ
酒…大さじ3と1/3
みりん…大さじ3と1/3
醤油…大さじ1

＜つくり方＞

1 サワラの真子は5cmくらいの筒切りにする。
2 鍋に水、酒、せん切りにしたしょうがを入れ、筒切りにした真子を重ならないように入れ、加熱する。真子は加熱により卵膜が縮むためくるりと外にめくれて花が開いたようになる。
3 だいたい火が通ったら、みりん、醤油を加えてさっと煮てできあがり。

◎仕上げにさやえんどう、グリーンピース、ふき、わらびなどの春の野菜や山菜をさっとゆがいたものを加えて味を含ませてもよい。

◎真子は火が通ると白っぽくなる。中心に空洞がありドーナッツ状なので、火は通りやすい。

本書で登場する

魚介の加工品 ❶

冷蔵や冷凍技術がなかった時代、
鮮度が落ちやすく流通しにくい魚介類を
さまざまに加工して保存できるようにしました。
それは新鮮なものとはまた違ったおいしさです。

写真／高木あつ子

カツオのなまり節

生のカツオをゆでて表面を乾かしたもので、軽く燻すこともある。そのまま切ったり、煮物、酢の物などに使う。ビンナガマグロでつくると、とんぼ節。

→p40なまりと野菜の煮つけ、43生節と淡竹、ふきの炊いたん、44生節

身欠きニシン

ニシンの頭や内臓をとり、二つ割りにして素干ししたもの。かつては背肉のみを干し、腹側は肥料として身を欠く（削る）のでこう呼ばれる。1尾から2本とる。現在は輸入品がほとんど。乾燥度合いで違いがあり、水分量が、**本乾**は30%、**ソフト**（生身欠き）は50%。本乾は米のとぎ汁で戻し煮物や漬物にする。

→p64、65にしんの山椒漬け、66身欠きにしんの甘辛煮、67にしんなす、68にしんとじゃがいもの煮物

イワシの丸干し

イワシの内臓をとらず、丸のまま塩水に漬けて乾燥させた塩蔵品。焼いて食べることが多い。サンマ、トビウオ、アジでもつくられる。

→p81魚ん天ぷら

こんかいわし

イワシの内臓をとり、塩漬け後、米ぬかに漬けて発酵させたもの。石川県の呼び方で、福井県などのへしこと同じ。そのまま焼いたり、鍋料理の具材兼味つけとしても使う。

→p10かぶし、12べか鍋

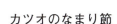

さんま・とびうお にしん など

このしろ、ままかり、えつも含めた小型から中型の魚のおかずです。ここでは、さんまは北～東日本、とびうおは西～南日本でつくられてきた料理が並びます。一方で身欠きにしんのように乾物として北前船で運ばれ、各地で利用されている魚もあります。

撮影／高木あつ子

<材料> 4人分

サンマ…3尾（正味350g）
砂糖…大さじ4強（40g）
酒…3/4カップ
醤油…大さじ2
酢…大さじ2と1/3
しょうが…1.5かけ（30g）
┌昆布*…10㎝角1枚（10g）
└水…3/4〜1カップ

*早煮昆布のようにとろけるものは向かない。

<つくり方>

1 昆布をさっと洗って分量の水につけ、4等分にする。
2 しょうがは細切りにする。
3 サンマは、頭、尾、中ワタをとってきれいに洗い、1尾を6等分にする。
4 鍋に昆布としょうがの各半量を敷き、その上にサンマを切り口を上にして立てて並べ、酢を回しかける。
5 昆布を浸しておいた水と砂糖、酒、醤油を加え、残りのしょうがを入れ中火にかける。煮立ったらアクをとり、残りの昆布を落とし蓋代わりにしてとろ火で1時間半ほどコトコト煮る。
6 昆布を細切りにして、サンマやしょうがと一緒に盛りつける。

◎サンマを立てて煮ると切り口から調味料がしみやすく、皮も破れにくい。

◎下に敷いた昆布はやわらかいが、蓋にした昆布はかためなので、魚をとり出した後、残った煮汁で煮てもよい。

〈北海道〉

さんまの甘露煮

新鮮なさんまは、塩焼きにしてたっぷりの大根おろしを添えて食べるのが一般的ですが、釧路では安く出回るさんまを使い、保存のきく甘露煮やぬかさんま（さんまのぬか漬け）などもよくつくります。

近年は船内や陸揚げ後に急速冷凍したさんまが出荷され、多少味が落ちることもありますが、そんなときも酒をたっぷり入れて甘露煮にすると魚臭が消えます。また、酢には骨をやわらかくする効果があり、時間をかけて煮るので骨ごと食べられ、子どもの弁当のおかずにもよく入れたそうです。釧路の特産物である昆布を落とし蓋代わりにすると、やわらかく煮えた昆布も食べられ、だしのうま味も加わります。

道東沖は暖流と寒流とが混ざり合うためプランクトンが多く、それを餌にする釧路のさんまは脂がのっておいしいといわれています。しかし、豊漁だった昭和30年代をピークに漁獲量は徐々に減少し、近年は海水温の上昇などからさらに不漁が続いています。

協力＝塚田杜旨子
著作委員＝木下教子、村上知子

〈福島県〉

さんまのぽうぽう焼き

いわき市の南端に位置する小名浜《おなはま》は県最大の港町で、沖合いの親潮と黒潮が交わる「潮目《しおめ》」では、さんまやかつお、さばやいわし、めひかりなど豊富な魚がとれます。なかでも昔はさんまがよくとれ、安く購入できる上に、知り合いの漁師からもらうこともありました。そんなときは一度にたくさん食べられるぽうぽう焼きをつくります。ねぎやしょうが、味噌とともにたたいて焼いたこの料理は、さながら和風ハンバーグのよう。脂ののったさんまでつくるとおいしく、味噌やしょうが、ねぎなどの薬味が加わることで、食欲が増す味になります。焼かずに「なめろう」として食べてもおいしく、おかずや酒の肴として人びとに親しまれてきました。

もともとは、とれたばかりのさんまを船上でたたいて炭火で焼いた漁師飯が発祥です。名前の由来は、さんまの脂が炭火に落ちて「ぽーぽー」と炎が出たからとも、焼くときに「ぽうぽう」と音がしたからともいわれています。

協力＝鈴木純子、石村由美子
著作委員＝阿部優子

撮影／長野陽一

＜材料＞ 3人分

サンマ…3尾（正味300g）
長ねぎ…1/2本
しょうが…1かけ
味噌…大さじ1
かたくり粉…大さじ1/2
油…適量
大根おろし…適量
かぼすやレモンなど好みの柑橘…適量

＜つくり方＞

1 サンマの腹ワタと頭をとり、皮をはぎ、中骨をとり除く。
2 1を包丁でたたき、みじん切りにした長ねぎとおろししょうがのしぼり汁、味噌、かたくり粉を加えて混ぜ合わせる。
3 6等分にして小判形に整える。
4 フライパンを熱して油をひき、中火で両面を焼きあげる。焦げやすいので注意する。
5 大根おろしを添え、好みでかぼすやレモンなどの柑橘をしぼりかける。

撮影／五十嵐公

＜材料＞ 4人分

サンマ…8尾
長ねぎ…20g（1/5本）
しょうがのみじん切り…50g(3かけ分)
味噌…10g
卵…1個
油…大さじ1
青じそ、大根おろし、ゆずの皮のおろしたもの…各適量

＜つくり方＞

1 サンマを三枚におろし、皮をとる。
2 サンマは包丁でたたき（写真①）、小口切りにしたねぎと、しょうが、味噌、卵を混ぜる（写真②）。8等分にし、それぞれ手のひらにのせ薄くのばす。
3 フライパンに油をひき、2を焼く。
4 器に盛り、つけあわせに、青じそ、大根おろし、ゆずの皮を添える。

〈茨城県〉

ぱいた焼き

ぱいた焼きは、漁師が浜で、たたいたさんまにねぎと味噌を加え、端板《はいた》にのばして直火で焼いた料理がルーツで、端板焼きがなまってぱいた焼きになったといわれています。鮮度のよいさんまで手軽にできる料理として広まりました。

ひたちなか市の那珂湊《なかみなと》漁港は沿岸・沖合遠洋漁業の基地となっています。昭和30年にはさんまの水揚げ高が全国シェアの約9％、茨城県の90％を占め、さんま船1隻の平均トン数は全国最大となり、さんま景気に沸きました。漁船が入港すると「分け前」といって、漁師が近所にバケツ1杯の魚を分けてくれるので、魚を買うことはほとんどなく、当時は毎食のように地元の魚を食べていたそうです。「分け前」のさんまやいわしは干物や味噌漬けにして保存しました。

しかし、さんまの水揚げ高は昭和30年をピークに35年以降は激減。現在、さんま船は年に2～3隻しか入港しなくなり、さんまが高級食材になったため、いわしでつくることが多くなっています。

協力＝ひたちなか市食生活改善推進員連絡協議会　著作委員＝渡辺敦子

〈茨城県〉

ごさい漬け

県の南東部、鹿行《ろっこう》地域から千葉県銚子で食べられている、乳酸発酵した魚と大根の漬物です。発酵でうま味が増し、骨もやわらかくなるので、そのまま食べられます。

昭和30年代、いわしは時期になるとバケツ1杯、ただ同然で手に入る魚でした。鮮度のよいうちに塩漬けにし、12月の寒さが厳しくなる頃、正月のごちそうとして大根と漬けこみました。背黒いわしが一番味がよいのですが、水揚げが少なく高価なので、今はほとんどの人がさんまを使っています。

「しおからこうこ」ともいい、後妻が漬けるから「後妻漬け」、五つの野菜を漬けるから「五菜漬け」と由来は諸説あります。鉾田市郷土文化研究会の石崎勝三郎氏によると、ごさい漬けに向く脂肪分の少ない小型のいわしを「こさい」と呼び、それが「ごさい」に変化したという説が有力とのことです。

最近は暖冬で漬けこみができない冬もありますが、条件がゆるせば家庭でもつくられ、業務用につくっている食料品店もあります。

協力＝水野千絵美、水野明弘、仙土玲子
著作委員＝荒田玲子

＜材料＞ 1樽分（20ℓ）

サンマ…4kg（正味2kg・約20尾分）
塩（サンマ正味の20〜30％重量）
…400〜600g
大根…15kg（約15本）
赤唐辛子…8g（輪切り）
ゆずの果汁と皮のせん切り…10個分

＜つくり方＞

1 サンマの頭と腹ワタをとり、腹を何度も流水中で洗い、血と脂をしっかり洗い流す。魚が新鮮で、血抜きと脂抜きを完全にすることで臭みが出ない。4〜5等分にぶつ切りする。
2 塩をまんべんなくふりながら、樽に漬けこむ。期間は2週間から1カ月弱。
3 漬けこみが完了したサンマ（写真①）をザルにあげて再度流水中で血と脂分を洗い流す（写真②）。
4 大根はひと口大の半月切りにし、流水中でよく洗う。
5 樽に大根、サンマ、赤唐辛子、ゆずの果汁と皮、塩の順に繰り返し入れて漬ける（写真③）。
6 最後に大根を入れ、落とし蓋をして重しをし（写真④）、冷暗所、できれば冷蔵庫で保存する。
7 一晩たったら上がってきた水をとり除く（写真⑤）。
8 二晩でかさが7割ほどになる。その後も上がってきた水や脂分を丁寧にとり除くと味がよくなる。
9 漬けこんで2週間後から食べ始める。

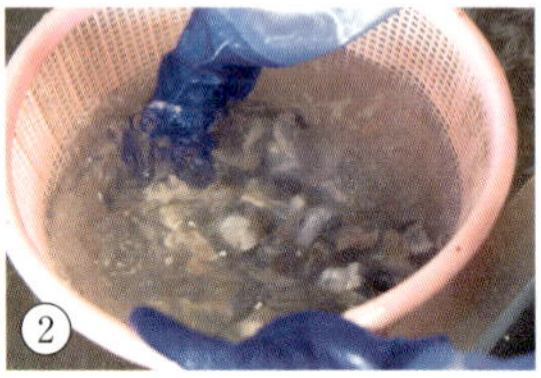

皮をむいたゆずをザルの中でしぼると、無駄なく果汁がとれる

撮影／五十嵐公

〈島根県〉

とびうおの刺身

県の魚でもあるとびうおは、島根県では初夏を告げる代表的な魚です。旬は夏。海の上を滑空しやすいように内臓も脂身も少なく身軽なので、さっぱりとした上品な味わいです。刺身にすると銀色に光って美しく、胸ビレを広げて姿づくりにすることもあります。

沿岸では2種類のとびうおが見られ、小さいホソトビウオを小目《こめ》、大きいツクシトビウオを大目《おおめ》といい、これらを総称して「あご」と呼んでいます。島根県では大目に比べ小目の方がはるかに多く漁獲され、小目は料理に使う他、すり身にして炭火で焼き上げ、大きなちくわのような野焼きかまぼこをつくったり、隠岐地域ではゆでて干してあごだしにしたりします。あごだしは、上品でうま味の強いだしがとれます。

昔は「初とび」といって初物を競って食べ、漁師たちは初とびを真っ黒に焼いて黒焼きをつくり、あごで海が真っ黒く見えるようにと豊漁を願い、寺に奉納したそうです。

協力＝宮本美保子、高麗優子、幡垣八千代、中島春美　著作委員＝藤江未沙、石田千津恵

<材料> 4人分

トビウオ…4尾（600g）
みょうが…1本
大根…約2cm（80g）
青じそ…4枚
醤油…適量
わさび（またはしょうが）…適量

大目（ツクシトビウオ）（上）と小目（ホソトビウオ）

あら汁。適当な大きさに切った中骨に塩をふって5分程度おく。熱湯に通してから流水で洗い、昆布と一緒に水から煮る

骨せんべい。ひと口大の大きさに切り分け、低温の油でゆっくり、カリカリのきつね色になるまで揚げ、塩をふる

<つくり方>

1 トビウオは水で洗ってからウロコをかき、胸ビレ、腹ビレをとる。胸ビレはヒレの後ろから包丁を入れ切りとる（写真①）。腹ビレはヒレを包丁で押さえ、魚を上に引っ張るとうまく抜ける。
2 エラをとり、頭を胸ビレのつけ根より後ろ側で斜めに切り落とす（写真②）。
3 腹を開いて内臓を出し、水洗いして水けをふきとる。トビウオは内臓が少ない（写真③）。
4 三枚におろし、腹骨を切りとり、尾側から皮を引く。なるべく身を皮につけないよう薄くむき、銀色の部分を残す。
5 みょうがは半分に切ってから縦に細いせん切り、大根は細いせん切りにして合わせる。
6 4を適当な大きさに切り分け、5の敷きづまに青じそを添え、盛る。わさび醤油かしょうが醤油で食べる。

◎胸ビレは頭と一緒に落としてもよい。
◎残った頭や骨は、あら汁や骨せんべいにするとよい。

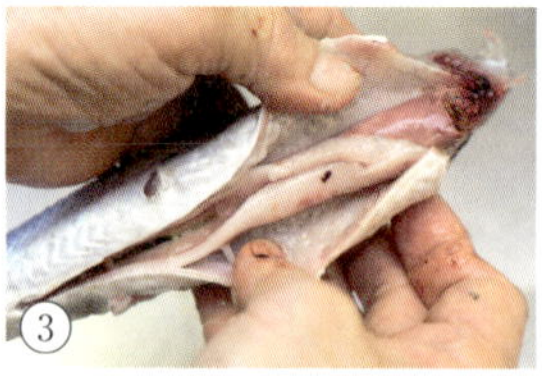

撮影／高木あつ子

〈鹿児島県〉

とびうおの刺身

一般的に使われている「とびうお」という言葉は一種の魚をさすものではなく、ダツ目トビウオ科魚類の総称で、数十種を含みます。屋久島はトビウオ類の水揚げ量日本一の島で、冬から春にかけてのハマトビウオ、春から夏のツクシトビウオ、アヤトビウオ、ホソトビウオ、夏から秋にかけてのトビウオと、季節ごとにいろいろなトビウオ科の魚類が回遊してきます。

全く臭みがなく、万人に好まれる味です。刺身はプリプリとした食感で、くせのないあっさりとした味わいが楽しめます。小型のアヤトビウオやホソトビウオはすり身や塩干品などに加工することが多く、中型や大型のものは鮮魚として、刺身のほか、から揚げや塩焼きなどに利用されます。また、つけ揚げ（さつま揚げ）の材料にもなります。

屋久島では、とびうおロープ曳《び》き浮敷網《うきしきあみ》という独自の漁法が生み出されました。海面近くを群れで泳ぐ習性を利用し、ロープで威嚇しながら網に追い入れます。

協力＝田中積

著作委員＝大富あき子、大富潤

撮影／長野陽一

<材料> 4人分

ハマトビウオ（全長40cm程度のもの）…1尾

青じそ、大根、わさび…各適量

紫芽（むらめ。赤じその若芽）、花穂じそなど好みのもの…各適量

<つくり方>

1 ハマトビウオのウロコ、エラ、内臓をとり、水で洗う。頭をつけたまま三枚におろす。やり方は、胸ビレ後方に包丁を入れ、両側の身2枚と尾頭つきの骨に分ける。

2 腹骨をそぎとり、皮を引く。

3 血合いの部分の小骨の列を切りとり、背側と腹側に分け、そぎ切りにする。

4 盛りつけは、まず皿に尾頭つきの骨を敷く。このとき切った大根を頭や尾の下に敷くと、骨が反るので形がつくりやすい。胸ビレは竹串を刺して広げるとよい。骨の上に青じそを敷き、刺身を並べる。わさび、紫芽、花穂じそなどを適宜添える。

三枚におろし、から揚げにしてもおいしい

〈岩手県〉

かどのすし漬け

かどとは生のにしんのことです。新鮮な魚を腑《ふ》（内臓）入りのまま大きく切って麹に漬けこんだ雪国独特の保存食で、昔から正月など冬場のハレの日に、家族や親類縁者で卓を囲んで食べます。

県中西部で秋田との県境に位置する西和賀町沢内《さわうち》は、冬季は2m以上の積雪となる豪雪地域です。岩手より秋田との交通の便がよいため秋田県南部の食文化を色濃く受け継ぎ、すし漬けにする魚も、雪がちらつく10月後半になると日本海の脂ののったかどを積んだ出張販売の車が来て、箱買いしました。

すし漬けは「食べ頃」があり、食べ頃のおいしいものは魚に麹の甘さや乳酸発酵の風味が入り、それでいて塩辛くなく、新鮮な生のかどを食べているようです。発酵が進むとピリッとして甘味が減っていきます。寒い冬に暖かい部屋で食べる冷たいすし漬けは大変おいしく、一方、春になり残ったすし漬けは水分がほどよく抜けてコクがあり、焼いたり、煮たり、鍋に入れたりしてもおいしかったそうです。

協力＝佐々木美代子、児玉たえ子、児玉美穂子　著作委員＝渡邉美紀子

撮影／奥山淳志

＜材料＞ 20ℓの漬け樽1個分

カド（ニシン）…30尾（7.5kg）

塩水
- 塩…300g
- 水…3ℓ

酢…1.8ℓ

漬け床
- 米麹…1合
- ご飯…5合
- 酒…1合

笹の葉、樽、重し

漬けあがった状態

＜つくり方＞

1. カドは頭をとり、身の部分を3等分くらいの斜めぶつ切りにし、塩水に一昼夜つける。重しはいらない。
2. カドをザルにあげ、水けをしっかりきって酢に半日つける。
3. 漬け床をつくる。米麹とご飯、酒を混ぜ、半日ほどなじませる。
4. カドをザルにあげ、酢の水けをしっかりきる。
5. 漬け樽の内側にポリ袋を入れ、底に3の漬け床を敷き、4のカドを1段並べ、漬け床を重ねて笹の葉を一面に並べる。同じように漬け床、カド、漬け床、笹の葉の順にくり返して重ね、蓋をして素材と同重量の重しをする。水があがったら半分の重さにして3週間程度漬けこむ。

◎酢をしっかり切らないと、なれずしではなく酢漬けになる。酢漬けの容器から漬け樽に一気に移すのではなく、少しずつ水けをしぼって入れる。

〈福島県〉

にしんの山椒漬け

2月頃、北海道でとれたにしんが身欠きにしんに加工され、「新にしん」として会津地方に出回り始めるのが春。この頃から夏にかけて、山椒の葉と酢、醤油、酒などで専用の「にしん鉢」に漬けこんだのがにしんの山椒漬けです。にしんはかたくしまった食感で、噛むたびに旨みと酸味が広がります。山椒の葉のぴりっとした辛みがアクセントになり、大人が喜ぶ味です。ご飯やお酒が進む、春から夏の行事や祭りに欠かせないごちそうになっています。

会津は海から遠く、冬は雪に閉ざされる場所だったため、昔は長期保存が可能な身欠きにしんや棒だら、するめなどが貴重なたんぱく質源でした。北海道で加工された身欠きにしんは、北前船で新潟に運ばれ、そこから新潟と会津を結ぶ「にしん街道」を通って行商人が天秤を担いで売りに来ていたそうです。そこで一度に100本くらい買って蓄え、山椒漬けや煮物や煮染《にし》め、田楽や天ぷらにして大事に食べていました。

協力＝馬場イネ子、湯田由美
著作委員＝中村恵子、會田久仁子

撮影／長野陽一

＜材料＞ にしん鉢1個分

- 身欠きニシン…20本程度（700〜800g）
- 米のとぎ汁…適量

山椒の葉…手のひらいっぱい

- 醤油…1カップ
- 酢…1カップ
- 酒…1カップ
- 砂糖…大さじ2

にしん鉢*（24cm×16cm、深さ10cmほどの陶器の鉢。四角い漬物容器や密封保存容器でもよい）、重し

*会津美里町（旧会津本郷町）でつくられている「会津本郷焼」の瀬戸物の鉢。にしんの山椒漬け専用の形になっている。

＜つくり方＞

1 身欠きニシンは米のとぎ汁に一晩つけておく。

2 1をしっかり洗い、生臭みと脂分をとる。山椒の葉を洗う。

3 調味料を鍋に入れてひと煮立ちさせ、冷ます。

4 にしん鉢に身欠きニシンを5本並べ、山椒の葉を敷きつめる。これを4段繰り返し、最後に山椒の葉で覆う（写真①）。

5 ニシンと山椒がひたひたにつかるまで3の調味液を注ぐ。

6 重しをして（写真②）2日〜1週間程度つける。

7 そぎ切りにして器に盛り、山椒を添える。4でそぎ切りにしてもよい。

〈新潟県〉

にしんの山椒漬け

身欠きにしんと山椒の葉を交互に重ね合わせ、醤油、酢、酒、みりんなどでつくったたれに1～2週間漬けたものです。さわやかな山椒の風味と酢で生臭みは消され、噛みしめるほどににしんの旨みがじんわりと広がります。おかずや酒肴だけでなくお茶うけとしても食べられます。冷蔵庫で2カ月ほどは保存できますが、山椒の葉のない時期にも冷凍しておいた葉や実山椒で漬けて、一年中楽しまれています。

江戸時代、北海道でとれた大量のにしんは干物に加工され、北前船で全国へ運ばれました。新潟では新潟港から信濃川をさかのぼった上流の魚沼地域で内陸部の大切なたんぱく質源としてよく使われ、山椒漬けが親しまれています。阿賀野川沿いの阿賀町地区でも山椒漬けが食べられています。

そのままそぎ切りにして食べますが、軽く火であぶっても香ばしく、また薄くスライスしてなますなどの和え物に入れてもおいしいものです。

協力＝権平康子、関タカ子
著作委員＝伊藤知子、山田チヨ

撮影／高木あつ子

＜材料＞ 1.5～2ℓの長方形の密閉容器1個分

- 身欠きニシン（本乾または八分干し）…10本（500g）
- 米のとぎ汁…適量

醤油…1/2カップ
酢…1/2カップ
酒…1/2カップ
みりん…1/2カップ
山椒の葉…片手のひらいっぱい

長方形の密閉容器、重し

＜つくり方＞

1 身欠きニシンを米のとぎ汁に一晩つけるとやわらかく、魚臭さもまろやかになる。八分干しの場合は、3～5時間つける。
2 両端のかたい部分を切り落とす。たわしなどで腹骨や黄色い脂肪の部分をよく洗う。
3 包丁の背でウロコを丁寧にこそげ落とす。漬けこむ容器が小さい場合は、長さを2つに切る。
4 酢以外の調味料を鍋に入れ、煮たぎって（沸騰させて）、火を止めて酢を加え、室温にまで冷ます。
5 容器の底に山椒の葉1/3量を敷きつめ、ニシン1/2量を並べる。上に1/3量の山椒の葉をのせ、残りのニシンを並べ、残った山椒の葉をその上に重ねのせる。4の調味液を上からかける。
6 押し蓋をして、浸る程度に軽く重しをのせる。
7 冷蔵庫に入れて3～4日すると食べられるが、1～2週間漬けこむとおいしい。そぎ切りにして食べる。

〈埼玉県〉

身欠きにしんの甘辛煮

日々の食卓によく登場する魚料理で、濃い味つけのため保存がきき、まとめて煮ておけるので、畑仕事などで忙しい家庭での重宝な保存食です。かつては冷蔵庫もなく生の魚が保存できなかったので、頭と内臓をとり乾燥させたにしんが日本全国に流通していました。それは海のない地域でも食べられる、貴重なたんぱく質源でした。

さいたま市は、さいたま新都心や再開発のビルが立ち並ぶ地域ですが、昔は半農の暮らしが多く、自給のための畑が見られました。日常的に使われていたのは川魚で、ふな、こい、ザリガニ、えび、うなぎ、どじょうなどを近くの川でとり、ゆでたり、天ぷらにして食べていました。購入するのは身欠きにしん、塩鮭、いわしなどで、魚屋が売りにきていたそうです。

身欠きにしんはかたい干物で、下処理が大変でしたが、今はソフトタイプもあり、手軽に調理できます。甘辛煮は70代以上の人には懐かしい味で、今もよくつくられています。

協力＝井上トミ、森久マサ
著作委員＝加藤和子、徳山裕美

撮影／長野陽一

<材料> 4人分

身欠きニシン（ソフトタイプ）…4本
米のとぎ汁…2と1/4カップ
砂糖…大さじ3
酒…1/2カップ
醤油…大さじ1

<つくり方>

1 身欠きニシンは水できれいに洗い、ウロコ、腹骨、背ビレ、腹ビレ等をとり除き、半分に切る。
2 鍋に1の身欠きニシンと米のとぎ汁を入れ、弱火で20〜30分下ゆでする。
3 2の煮汁を捨て、砂糖、酒、醤油を加えて、落とし蓋をし、弱火で煮汁がほとんどなくなり、照りが出るまで煮る。

〈京都府〉

にしんなす

　なすとにしんは夏のであいもん。にしんを食べると夏ばてしないといわれ、脂の多いにしんと淡泊ななすの組み合わせは暑い時期によくつくられました。だしは不要で、なすににしんの旨みがしみこみ、冷めてもおいしいので多めにつくってつくりおきにもしました。

　海から遠い京都では新鮮な魚が手に入りにくく、普段の惣菜にはお揚げ（油揚げ）やお豆さん（大豆）と野菜の炊いたんが多い中で、保存がきく身欠きにしんは貴重な動物性たんぱく質源でした。にしんそばは今も京都では身近に食べられていますし、正月の昆布巻きといえば中の芯はにしんです。かつては正月だけでなく普段のおかずや弁当にもにしんの昆布巻きを入れていました。

　京都南部の田辺地方は昔からなすの産地で、にしんなすは特別の愛着をもってつくられてきました。品種改良や育て方の工夫が進み、現在では昔以上にみずみずしくて皮がやわらかい田辺なすが生まれ地域の自慢になっています。

協力＝綴喜地方生活研究グループ連絡協議会
著作委員＝坂本裕子、米田泰子、桐村ます美

撮影／高木あつ子

＜材料＞ 4人分

身欠きニシン（ソフトタイプ）
　…2本（1本約130g）
なす…中4本（400g）
水…2〜3カップ
酒…大さじ2
醤油、みりん…各大さじ2
砂糖…大さじ1
針しょうが（しょうがのせん切り）
　…少々

＜つくり方＞

1 ニシンは水洗いして汚れを落とし、エラと尾先を切り落とす。熱湯で湯通しし、2〜3cmの大きさに切る。
2 なすはヘタを切り落し、縦半分に切り、皮に斜めに浅く切り目（5mm間隔）を入れる。斜め半分に切り、水に放してアクを抜く。
3 鍋に水、酒を入れて強めの中火にかけ、沸騰したらニシンを入れ、アクと脂をとり、弱火で5分煮る。
4 醤油、みりん、砂糖を加え、落とし蓋をして弱火で15分ほど煮る。
5 ニシンをいったんとり出し、残った煮汁の中へ**2**のなすを並べ入れ、落とし蓋をして弱火で15分ほど煮含める。
6 火を止める前にニシンを鍋に戻し温める。
7 針しょうがを添えて盛り付ける。

◎昔ながらのかたく乾燥させた身欠きニシンを使うときは、1本50g程度のものを2本用意し、洗ったニシンを米のとぎ汁に1〜2時間つける（冷蔵庫で一晩おいてもよい）。その後番茶で30分ほどやわらかくなるまでゆがき、水で洗う。米のとぎ汁で脂臭さがとれ、番茶でさらに臭みがとれ、身がやわらかくなる。

〈奈良県〉

にしんとじゃがいもの煮物

関西独特の甘辛い味つけでやわらかく煮たにしんと、にしんの旨みがしみこんだホクホクのじゃがいもは、温かくても冷めてもおいしく食べられます。常備菜としてすぐれており、家庭で伝承されてきた昔から変わらない味です。

海のない奈良県ですが、江戸時代、さかのぼれば平城宮跡から出土した木簡などの情報から、奈良時代より大阪や三重からの海産物の流通がさかんだったと考えられます。とくに干物などの加工品については持ち運びが容易で、古来から奈良の地へ運ばれていたようです。

身欠きにしんの煮物は奈良市や大和高田市などでつくられ、今も食卓に並ぶ料理です。じゃがいものほか、昆布を具材にしてつくることもあります。また、戻したにしんを焼き、醤油と砂糖の煮汁に漬けたりと、さまざまな食べ方があります。ただ昨今は、下処理が手間と感じられることから、徐々に家庭で料理することも少なくなっています。

協力＝西川智津子、田中千香子、影山博子
著作委員＝喜多野宣子

撮影／五十嵐公

＜材料＞ 4人分

身欠きニシン（ソフトタイプ）…3本
じゃがいも（男爵）…4個
にんじん…100g
ワカメ…100g
水…1/2カップ
醤油、みりん、酒、砂糖…各大さじ1

＜つくり方＞

1 身欠きニシンのカマ部分を切り落とし、腹骨を丁寧にとり除く。半身を4～5つに切り、湯通しする。
2 分量の水に調味料を加え、火にかける。沸騰したら1のニシンを入れて煮る。ニシンがやわらかくなったらいったんとり出す。
3 煮汁にひと口大に切ったじゃがいもとにんじんを入れ、ひたひたにつかるまで水（分量外）を加え、やわらかくなるまで煮る。
4 2のニシンを戻し入れ、食べやすい大きさに切ったワカメを加えて蓋をしてさっと煮る。
5 火を止めてそのまま30分以上おき、味をしみこませる。

〈神奈川県〉

このしろの甘露煮

このしろは焼くと小骨が多く食べにくい魚ですが、甘露煮にすると骨まで食べられます。三浦市や横須賀市のある三浦半島の正月の料理です。三浦半島は三方を海に囲まれており、標高の高い山はなく、水田には向きませんが、台地に野菜畑があり、農業と漁業が中心となる地域です。江戸時代には江戸への海上交通の要所として港がにぎわい、その後、漁港として整備されていきました。

昔は暮れにかけてこのしろがたくさんとれました。成長するにつれ、しんこ、こはだ、このしろと呼び名が変わる出世魚のため、正月の祝いの口取りとしても食べられています。脂ののり方によって調節が必要で、脂が多い場合は煮こぼすなどします。丁寧につくることでおいしくなり、待っている人に喜ばれ、それがつくる側にとっても楽しみでした。甘露煮は保存もきき、骨まで食べられるため、いろいろな年代の人が食べられるおかずです。

協力＝高橋久枝、吉田和子
著作委員＝増田真祐美

撮影／五十嵐公

＜材料＞ つくりやすい分量

コノシロ…25〜30尾（1尾130〜150g）
砂糖…1カップ
醤油…1カップ
酒…1カップ
酢…1カップ

＜つくり方＞

1 コノシロはウロコ、頭と腹ワタをとり、フライパンなどで表面に焦げ目がつくように焼く。
2 圧力鍋に焼いたコノシロを並べ、調味料を入れる。蒸気が出てシュッシュッとし始めたら、弱火（とろ火）にし30分ほど煮る。
3 火を止めたら、その後15分ほど蓋をとらずに蒸らし、味をしみこませる。

◎圧力鍋がない場合は沸騰するまで強火で煮て、沸騰後は1〜2時間とろ火で煮る。

〈岡山県〉

焼きままかりの酢醤油漬け

撮影／長野陽一

<材料> 4人分

ママカリ (8〜10cm)…12尾
しょうが…1かけ
だし汁 (かつお節)…大さじ2
酢…大さじ2
みりん…小さじ2
うす口醤油…小さじ2
しょうが汁…小さじ1

<つくり方>

1 ママカリは、塩水 (分量外) で軽く洗って汚れをとり、ペーパータオルで水けをとる。
2 しょうがは一部をすってしぼり、しょうが汁にする。残りはせん切りにする。
3 だし汁と調味料を容器に入れて混ぜ合わせ、2のしょうがの汁とせん切りも加える。
4 ママカリを、ウロコや内臓はとらず、そのままで強めの中火で焼く。焼き色がついてくれば弱火にし、中までしっかり火が通った状態になるまで焼く。端の部分は多少焦げてもよい。
5 焼きたての熱々のママカリを、3に一昼夜以上漬けこむ。

「まま（飯）が足りなくなって借りに行くほどおいしいからままかり」などといわれるままかりは体長10〜15cmになる小魚で、生息地域が河川が流れこむ河口付近や内湾であるため、岡山でも瀬戸内海沿岸地域でよく食べられています。主な食べ方は酢漬けにして「ままかりずし」にしたり、もしくはこのように焼いて酢醤油に漬けたものです。

身は薄くウロコがしっかりついているため、ウロコも内臓もとらず姿のまま、じっくり焼いて調味液に漬けこみます。1〜2日ほど漬けると味がしみ、ウロコも気にならなくなります。それを頭から丸ごと、小さいものなら骨もろとも食べるのがおいしい、とても庶民的な料理です。

ままかりはとれるときはバケツに1杯といった量でもらったりするので、とにかくひたすら七輪で焼くのが子どもの仕事だったそうです。七輪は家の中でなく軒先においてあるので、近所の家々からままかりを焼く煙が上がるのは、昭和中頃までの日常の光景でした。

協力＝石井つる子
著作委員＝大野婦美子

〈福岡県〉

えつの南蛮漬け

えつは小骨が多いので骨切りが必要ですが、油との相性がよく骨ごと食べられるので、から揚げや南蛮漬けにするとおいしい魚です。骨ごとたたいてつくねにして揚げたり、骨も素揚げにして、骨せんべいにしたりします。最近は地元のイベントで、つくねを使ったえつバーガーも売り出されています。

日本では有明海にのみ生息し、初夏から夏にかけて産卵のため汽水域の筑後川河口に遡上するので、5～7月の限られた期間だけ、筑後川下流の久留米市城島町や大川市でえつ漁が行なわれます。この時期になると屋形船が川面に浮かび、とれたての新鮮なえつを刺身や焼き物などにして提供します。

弘法大師が筑後川に流した葦《よし》の葉がえつに変わったと伝えられ、昔よりえつ漁業は許可制で行なわれ、大切に食べられてきました。しかし、県内で100t以上あった漁獲量が近年は20t以下になり、絶滅危惧種にも指定され、地元では稚魚の飼育や放流などの資源保護に取り組んでいます。

協力＝千代島久枝
著作委員＝山本亜衣、吉岡慶子

撮影／長野陽一

＜材料＞ 4人分

エツ…4尾（1尾100g）
かたくり粉…大さじ1強（10g）
揚げ油…適量
玉ねぎ…1/2個（100g）
にんじん…1/4本（45g）
ピーマン…1個（30g）
南蛮酢
- 酢…3/5カップ（120mℓ）
- 醤油…大さじ4（60mℓ）
- うす口醤油…大さじ4（60mℓ）
- 砂糖…大さじ2と2/3（24g）
- みりん…大さじ2と2/3（40mℓ）
- 酒…1/4カップ（50mℓ）
- 赤唐辛子…1/2本

エツは身が薄く鮮度落ちが早い

①

＜つくり方＞

1 エツはウロコ、頭、内臓をとり流水でよく洗う。ウロコが小さいのでたわしを使うとよい。

2 まな板の上にエツをおき、左から右へ1～2mm間隔に斜めに、中骨に当たる深さまで包丁で切れ目を入れ、骨切りをする（写真①）。裏表、骨切りしたら6～7cm長さに切り、余分な水けをふきとる。

3 玉ねぎは薄切り、にんじんは薄い短冊切りにして、バットに入れる。

4 南蛮酢の酢以外の材料を鍋に入れてひと煮立ちさせ、酢を加えて**3**の上にかける。

5 エツに軽くかたくり粉をまぶし、170～180℃の油で4～5分、じっくり時間をかけて揚げ、180℃の油で二度揚げし、**4**に2～3時間つける。

6 南蛮酢につけていたエツと野菜を皿に盛り、輪切りにしてさっとゆでたピーマンを添える。

◎エツは小骨が枝分かれした枝骨が多く、枝骨に対して直角に骨切りをする。1尾200～250gの大きいエツでは枝骨が太いので真っすぐに切ることが多いが、100g程度の小さいものは枝骨が細いので、斜めに切りこみを入れてもよい。

小魚・いろいろな魚

瀬戸内のいかなご、鹿児島のきびなごなどの小魚から、どっさり手に入る新鮮な魚を、魚種にこだわらず使う鍋や塩辛、揚げ物などの料理です。なかでも、はんぺん、てんぷら、かまぼこなどすり身でつくる料理は、地域や季節によっていろいろな魚が使われます。

〈静岡県〉

おでん

県中部で昔からなじみのおでん種といえば、黒はんぺん、すじ、ちくわです。黒はんぺんは静岡特産の練り製品で、さばやいわしを骨ごとすりつぶしてゆでたもの。すじは、かまぼこ製造の際に出た白身魚の皮や中落ちを材料とした練り製品で、緻密でしっとりとした食感と深い旨みがあります。これらいろいろな練り製品を、特産のかつお節を使ったつゆで煮ます。

地域によって違いもあり、練り製品の店が多い焼津《やいづ》市では、生産量全国一のなるとも定番のひとつです。かつおだしに鶏ガラや鶏肉を加える家庭もあり、漁港付近ではかつおのへそ（心臓。p42参照）を入れることもあります。

焼津市や静岡市では屋台や駄菓子屋で一年中おでんが売られていました。店のおでんは毎日つゆを継ぎ足し、牛すじなどを入れて煮こむので、家庭のものとはひと味違います。昭和30年代に静岡市にあったたくさんの屋台は姿を消しましたが、今もおでん街や、おでんと菓子類を売る商店があります。

協力＝八木敏郎、山本正子、遠藤泰子
著作委員＝竹下温子、高塚千広

撮影／五十嵐公

左上から時計回りにじゃがいも、へそ、こんにゃく、なると、ちくわ、大根、すじ、黒はんぺん

＜材料＞ 4人分

黒はんぺん…8枚（60g）
ちくわ…4本（120g）
すじ（すじ鉾）…1本（120g）
さつま揚げ…4枚（80g）
なると…1本（120g）
カツオのへそ…8個（100g）
水…4カップ
酒…1/4カップ
しょうがの皮…適量
大根…1本（1kg）
じゃがいも…中4個（400g）
こんにゃく…1枚（300g）
早煮昆布…20g（15cm長さを4本）
だし汁（かつお節）…1.6ℓ
醤油…大さじ3
酒…大さじ2
塩…小さじ2
砂糖…小さじ2
だし粉*、練り辛子…各適量
*いわし削り節の粉末と青のりを混ぜたもの。

＜つくり方＞

1 鍋にだし汁と調味料を加えてつゆをつくる。
2 練り物のすじは約1cm厚さに切るか縦に切り、なるとは厚めの斜め切りか縦に切る。
3 へそは流水で血が出なくなるまでよく洗う。分量の水に酒としょうがの皮を加えて沸騰させ、へそを軽くゆで、ザルにあげてさっと水で洗う。2〜3個ずつ串に刺す。
4 大根は2cm程度の厚さに切って皮をむき、じゃがいもは皮をむく。
5 こんにゃくは1cmほどの厚みにしてから三角に切り、ゆでてアク抜きする。
6 昆布は水で戻し、結び昆布にするか、食べやすい大きさに切る。
7 1のだし汁にすべての材料を入れ、野菜がやわらかくなり味がなじむまで一緒に煮こむ。
8 好みで、だし粉や練りからしをつけて食べる。串に刺す刺さないも好みでよい。

ウルメイワシの塩辛

撮影／長野陽一

かたい骨は除いて切り分ける

ムロアジの塩辛

＜材料＞ 1桶分

ウルメイワシ、マイワシ、ムロアジ、アジ、サバ、タカベなど*…漬け桶1杯分（25kg）

水あげ用の塩…5kg（魚の20％重量）

仕上げ用の塩…2kg（魚の8％重量）

*ソウダガツオを使用する際は三枚におろす。

＜つくり方＞

1 魚は丸のまま、水あげ用の塩をしっかりまぶして容器に入れる。

2 そのまま2〜3日おくと水があがってくる。水が十分にあがったら水を捨てる。

3 漬け桶に魚を移し、仕上げ用の塩をまぶしながら1段ずつ詰める。水のあがり具合で塩は加減する。

4 最後の段には塩をしっかりおき、平たい蓋をのせ、重しをしてビニールをかけて空気と遮断するように包む。

5 そのまま、室温が20℃以下の冷暗所で2カ月以上おく（冷蔵すると発酵しない）。

6 頭と中骨は除き、食べやすい大きさに薄く切る。

〈三重県〉

一匹なりの塩辛

魚の頭も内臓もとらず、丸ごと一匹塩漬けした保存食で、しょっから、塩もん、塩切りとも呼ばれています。伊勢志摩でつくられており、9月から1月頃、秋から冬にかけての寒い時季に漬けこみ、食べられるのは12月から3月頃まで。日常的に食べる人もいますが、この地域では正月には必ず食べる行事食でもあります。

この塩辛は漁家ではなく、農村地域に伝わる食べ方です。農家などが魚の安いときに大量に買って保存するためにつくり、魚の少ない季節に食べてきたものです。魚のもつ自己消化酵素と微生物による発酵食品で、たんぱく質や脂質を分解することでうま味や独特の香りが生まれます。熟成した身は生とは違い、赤く甘くなり、もっちりねっとりとした食感に変化し、そのおいしさに感動します。

最近はなかなか家庭ではつくられず、地元の魚屋などがつくった製品を購入することが多くなり、東紀州からも買い求めにくる人がいます。

協力＝乾尚美、村田竹男、小川邦弘、羽根豊樹　著作委員＝成田美代

〈三重県〉

じふ

「じふ」とはすき焼きの肉を魚に代えたようなもので、熊野灘に面する県最南部の尾鷲《おわせ》市や紀北町《きほくちょう》などでは家庭料理の定番です。使用する魚はさんまの他、さばや小がつお（マルソウダ）、そまがつお（ヒラソウダ）、いわしなど、鮮度のよいものであれば何でもかまいません。2種類の魚を混ぜることもありますが、たいてい背の青い魚が使われます。献立に窮すると「今夜はじふにしよう」と、各家庭がそれぞれの持ち味を出した鍋をつくります。

一番のポイントは魚が新鮮なこと。鮮度が落ちると生臭みが出るので、切ったときに内臓が流れ出るようなものは使いません。内臓ごと煮るとワタの甘味や旨みが煮汁に溶け、味に深みが出ます。

じふは、もともとはさんまを中心に、あとは限られた野菜を少し入れる地味な料理でしたが、時代の移り変わりとともに、最近では豪勢にぶりやはまち、かつおなどでつくったり、野菜の種類も増やし、卵をつけて食べたりします。

協力＝加藤宏子、古谷純子、荒木淑子、中村レイ　著作委員＝成田美代、奥野元子

撮影／長野陽一

＜材料＞ 4人分

サンマ（新鮮なもの）…2尾
白菜…2枚（200g）
長ねぎ…1本（100g）
にんじん…1/3本（50g）
椎茸…大4個（100g）
えのきたけ…1/2袋（50g）
焼き豆腐…200g
糸こんにゃく*…1袋（200g）
水（またはだし汁）…2カップ
酒…1カップ
砂糖…60g
醤油…1/3カップ弱（70mℓ）
みりん…好みで大さじ2
*板こんにゃくを薄く切ってもよい。

＜つくり方＞

1 サンマは洗って約5cmのぶつ切りにする。内臓はつけたままでよい。
2 白菜はざく切り、ねぎは斜め切り、にんじんは厚めの短冊切りにし、椎茸は厚めの薄切り、えのきたけは根元を切ってほぐす。焼き豆腐と糸こんにゃくは食べやすい大きさや長さに切る。
3 すき焼き鍋または土鍋に材料を並べ、分量の水と調味料を入れて火にかけ、沸騰したらアクをとる。
4 煮上がったらとり分けて食べる。

◎大きい魚は二枚または三枚におろしぶつ切りにする。ウロコがある場合はとり除く。

◎好みで溶き卵をつけて食べる。最後にうどんやもちを入れてもおいしい。

〈香川県〉

いかなごの天ぷら

いかなごの一夜干しの天ぷらで、瀬戸内海に浮かぶ広島(塩飽《しわく》諸島)の料理です。高見島《たかみじま》、小手島《おてじま》にはいかなご専門の漁師がいて、小手島には釜揚げの工場もありました。釜揚げのいかなごは隣の広島でも時期になると購入してたくさん食べ、贈答品にもされました。

春になると瀬戸内海ではいかなご漁がさかんになります。漁期は2月末から4月まで。短期間で大きくなるのが特徴で、2月末にとれる小さいものをしらす、3〜4月にとれる3cmくらいを中、8cmくらいをいかなごといいます。しらすは釜揚げにしょうが醤油をかけたり、卵とじにしたり、中のものはくぎ煮にして食べました。

新鮮ないかなごは刺身、また釜揚げに酢味噌をつけるなどの食べ方があります。特に産卵前のものは脂がのっていておいしく、いかなごの目に針金を刺して干したものを天ぷらにします。生のままは身がくずれやすいのですが、一夜干しにすると身がしまり、調理しやすくなる上においしさも増します。

協力=三野道子、新田雅子、曽我千穂子、中條従子　著作委員=次田一代

いかなごとよもぎの葉(右)の天ぷら

撮影/高木あつ子

<材料> 2人分

イカナゴ…10尾
小麦粉…30g
溶き卵…大さじ1(10g)
水…1/4カップ弱(40mℓ)
揚げ油…適量

<つくり方>

1　イカナゴは天日に1日干す。針金ハンガーに目の部分を刺して干すとよい(写真①)。
2　卵と水を混ぜて小麦粉を溶き、イカナゴにつけて、180℃の油で揚げる。

①

釜揚げイカナゴの卵とじ。酒と醤油を煮立てたところに、釜揚げのイカナゴ、ゆでて刻んだまんば(高菜)を入れて数分煮て卵でとじる

〈愛媛県〉

魚の三杯酢

撮影／五十嵐公

<材料> 4人分

小魚（イサキの幼魚、小アジ、キス、ギザミ、トラハゼなど）*…8尾（300g）

三杯酢
- 酢…大さじ4
- 砂糖…60〜120g
- 塩…小さじ2/3（4g）

*写真のイサキは1尾40g程度。魚の種類は季節によって変わる。

<つくり方>

1. 小魚のウロコと内臓をとる。
2. グリルで中火で素焼きにする。
3. 2の小魚を熱いうちに三杯酢に漬ける。味がしみるまで2時間ほどおく。

◎骨がかたいときは、40秒ぐらい電子レンジで温めると食べやすい。

瀬戸内海でとれる四季折々の魚のうち、新鮮だけれど商品価値は少ない小魚を素焼きにして三杯酢に漬けた素朴な料理です。酢に漬けこむことで焼いた魚の身がしっとりとして保存性が増すとともに、小骨も食べられるように工夫されています。南蛮漬けと違い、油で揚げないのであっさりとしていて魚本来の味が楽しめるのが特徴で、子どもにも食べやすい料理です。

四国中央市、新居浜市をはじめ、瀬戸内海沿岸一帯で日常的に食べられています。瀬戸内海は潮の干満差が大きいので潮流が強く、プランクトンが豊富でおいしい魚が育つといわれており、沿岸は漁業がさかんで、昔は漁師から売り物にならない小魚をもらうことがよくありました。魚の種類は、小あじ、きす、ぎざみ（きゅうせん）、とらはぜ、ばだご（ままかり）、今治市ではひらごという）など季節によって変わります。ただ現在では小魚をもらうことはほとんどないため、魚屋でごくまれに小あじやきすなどの小魚を見かけたら購入してつくっています。

協力＝藤田真美　著作委員＝皆川勝子

〈山口県〉

ほおかぶり

魚のすり身を昆布で茶巾のように包んで煮たものを半分に切ると、人がほおかぶりをしている形に見えるおもしろい昆布巻きです。「ほおかむり」とも呼びます。茶巾のように包むのは、すり身が煮くずれないための工夫だと思われます。下関市の日本海側、海に面する小《こ》串《くし》周辺で食べられてきました。春になるといわしやさわらなど季節の魚をすり身にし、花見や磯遊び、里帰りといった農繁期前の休日などにつくられました。他の季節にも、何かことがあればそのとき手に入る魚でつくっていたようです。

比較的しっかり煮つけて火を通すので、1週間くらいは食べられます。いわしのように早く傷む魚の保存食の意味合いもありました。のり巻きのようなよく見る形の昆布巻きもつくりますが、このあたりではほおかぶりの方が古くからつくられていたようです。

山口県では寒干し大根のことを「かんぴょう」と呼ぶことがあり、昔はよく寒干し大根の「かんぴょう」で結ぶこともあったといいます。

協力＝友田洋子、宮城京子
著作委員＝廣田幸子

撮影／高木あつ子

＜材料＞ 4人分

早煮昆布…幅5cm×長さ15cm×4枚
イワシ（切り身）…200g
- 塩…小さじ1/6
- 砂糖…小さじ1弱
- しょうが汁…小さじ1

かんぴょう…50cm
- 昆布のつけ汁+水…3カップ
- 醤油…大さじ1
- 砂糖…大さじ2/3
- 酒…大さじ1

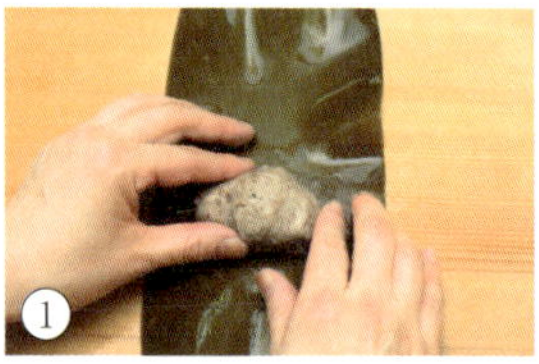

＜つくり方＞

1. 昆布は適量の水（分量外）につける。やわらかくなったら引き上げ、つけ汁はとっておく。
2. イワシは皮を剥ぎ3〜4等分に切り、これに塩、砂糖、しょうが汁を加え、フードプロセッサーかすり鉢ですり身にする。
3. かんぴょうは水で戻し、長さを4等分に切る。
4. 昆布を広げて**2**のすり身の1/4を昆布の中央にのせて包み（写真①）、縦半分くらいの位置で端をつまんで（写真②）、かんぴょうで結ぶ（写真③）。
5. 昆布のつけ汁と調味料を煮立て、弱火で約1時間、静かに煮こむ。
6. 鍋からとり出し、かんぴょうごと縦半分に切る。切らずにそのまま食べてもよい。

◎写真では縦半分に切って改めてかんぴょうで結んでいる。

<材料>4人分

生食用のアジ、サバ、ブリ、カンパチ、マグロなど旬の魚の切り落とし（刺身でもよい）…250g
小ねぎ…1本（5g）
- しょうが…1/4かけ（5g）
- 酒…大さじ1弱（12g）
- みりん…小さじ1弱（5g）
- 醤油（甘口）…大さじ2（36g）

白ごま…大さじ1弱（7g）

<つくり方>

1. 小ねぎは小口切りにし、しょうがはすりおろす。
2. 酒とみりんを火にかけて煮きる。
3. **2**と醤油、しょうがを混ぜ合わせて、たれをつくる。
4. 魚の切り落としを**3**のたれにつける。
5. 器に盛り、ごま、ねぎをかける。好みで青じそのせん切り、焼のりなどをのせてもよい。

◎たれには好みで砂糖を加えてもよいし、酒やみりんなどを入れずに、醤油、ごま、小ねぎだけのたれにしてもよい。一晩つけこんでおき、翌日食べてもおいしい。

◎ご飯にのせて食べたり、お茶漬けにして食べてもおいしい。

アジのりゅうきゅうを温かいご飯にのせた佐伯の「あつめし」

撮影／戸倉江里

〈大分県〉

りゅうきゅう

刺身の残りや、魚をさばいたときに出る切り落としの部分を甘めの醤油とごま、ねぎなどのたれにつけた料理です。あじやさばなどの青魚はつけておくと臭みが消え、身はしまって程よいやわらかさになります。同時に、ごまやねぎの風味と甘辛いたれが魚にしみて、食欲をそそる味になるのです。たれにはにんにく、しょうが、わさびや辛子などの薬味を入れたり、酒や砂糖を加えることもあり、家ごとに魚を楽しむ工夫があります。

もともと船上で漁師がとったばかりの魚でつくっていたそうで、つける魚は時期や地域によってさまざまです。大分市佐賀関《さがのせき》ではあじやさばを、県南部の佐伯市ではあじやはまち、かんぱちを、遠洋漁業が盛んな津久見市ではまぐろを使います。名前の由来は、琉球の漁師から伝わった料理だから、ごまを和える料理法の「利休和え」からなど諸説あります。ご飯の上にりゅうきゅうをのせた丼は「あつめし」や「ひゅうが丼」とも呼ばれ、ご飯と一緒に思う存分食べます。

協力＝坪矢美奈、首藤妙子
著作委員＝望月美左子

〈宮崎県〉

飫肥《おび》のてんぷら

県南部にある日南市では、盆や正月、冠婚葬祭など何か人が集まることがあれば、今でもいわしや、しいらなどをすった生地を揚げたてんぷらや、野菜に生地を塗りつけて揚げた「ぬすっつけ」をつくります。豆腐と、黒砂糖やザラメをたくさん入れるので、揚げたてはふわふわで冷めてもやわらかく、味つけはかなり甘め。日南市はかつてサトウキビ生産が多く、甘いのがごちそうとされていたようです。旧藩の名前から近年は飫肥《おび》天ともいいますが、地元では昔から、てんぷらと呼びます。

昔は冠婚葬祭を自宅で行なっていたので、そのたびにてんぷら50～100人分を夜も寝ないでつくったそうです。魚はザラメと一緒に、2間《けん》(約3・6m)ほどのすりこぎともちつき用の石臼ですりました。長いすりこぎは不安定なので、上を梁《はり》と梁の間に渡した板の穴に通して使いました。母親に「ザラメは魚と同量。ザラメのざらざらがなくなるまですりなさい」と教えられ、とても大変だったそうです。

協力＝矢越ミノリ、崎村ミサヲ、井元弘子、山本まきえ　著作委員＝篠原久枝、長野宏子

奥の切ってないものが、てんぷら。
手前の野菜入りはぬすっつけ

撮影／高木あつ子

＜材料＞ 4人分
マイワシ…大3尾（正味300g）
豆腐…450g（水きり後400g）
ザラメ（中双糖）*…300g
塩…小さじ1
醤油…大さじ1
味噌…大さじ1
卵…1個
しょうが…1かけ（20g）
かたくり粉…大さじ1
切りごま…適量
揚げ油…適量

*50～70gでつくる人もいる。黒砂糖や白砂糖を使ってもよい。

①

＜つくり方＞

1 豆腐を布巾に包んで重しをし、元の85%重量になるまで水をきる。
2 イワシは頭と腹ワタをとり、手開きして骨と皮を除く。
3 2を包丁でたたく。押さえ切りすると粘りが出ないので、軽くたんたんたんとたたく。
4 3をすり鉢に移し、ザラメを入れざらざらがなくなるまでよくする。
5 1の豆腐を加えてよくする。
6 塩、醤油、味噌を加えてさらにすり混ぜ、卵としょうがのしぼり汁を入れてする。かたくり粉を入れて粘りが出るまでする。
7 手を水でぬらし、手のひらで厚さ8mmほどの木の葉形に整える（写真①）。丸形は中央を少し凹ませて、切りごまをのせる。
8 150～160℃の油でゆっくり、全体がきつね色になるまで揚げる。

◎魚をするときは最初からザラメを入れると水が出てすりやすくなる。塩を入れると魚肉がかたくなるので後から入れる。

ぬすっつけのつくり方：10cm長さに切ったにんじん、ごぼう、山芋を塩ゆでして冷ます。ラップの上に6の生地を広げ、ゆでた野菜を芯にして巻き、棒状に整えて油で揚げる。切り口が美しく見えるように切って盛る。

郵便はがき

おそれいります
が切手をはって
お出し下さい

1 0 7 0 0 5 2

（受取人）
東京都港区
赤坂7丁目6ー1

農 文 協
読者カード係 行

◎このカードは当会の今後の刊行計画及び、新刊等の案内に役だたせていただきたいと思います。　はじめての方は○印を（　　）

ご住所　（〒　　－　　） TEL： FAX：	
お名前　男・女　歳	
E-mail：	
ご職業　公務員・会社員・自営業・自由業・主婦・農漁業・教職員（大学・短大・高校・中学・小学・他）研究生・学生・団体職員・その他（　　）	
お勤め先・学校名	日頃ご覧の新聞・雑誌名

※この葉書にお書きいただいた個人情報は、新刊案内や見本誌送付、ご注文品の配送、確認等の連絡のために使用し、その目的以外での利用はいたしません。

● ご感想をインターネット等で紹介させていただく場合がございます。ご了承下さい。

● 送料無料・農文協以外の書籍も注文できる会員制通販書店「田舎の本屋さん」入会募集中！
案内進呈します。　希望□

■毎月抽選で10名様に見本誌を1冊進呈■（ご希望の雑誌名ひとつに○を）

①現代農業　②季刊 地 域　③うかたま

お客様コード □□□□□□□□□□

お買上げの本

■ご購入いただいた書店（　　　　　　　　　　　　　　　　　　　　　　書 店）

●本書についてご感想など

●今後の出版物についてのご希望など

この本をお求めの動機	広告を見て（紙・誌名）	書店で見て	書評を見て（紙・誌名）	インターネットを見て	知人・先生のすすめで	図書館で見て

◇ 新規注文書 ◇

郵送ご希望の場合、送料をご負担いただきます。

購入希望の図書がありましたら、下記へご記入下さい。お支払いはCVS・郵便振替でお願いします。

（書名）	（定価）¥	（部数）　部
（書名）	（定価）¥	（部数）　部

460

撮影／高木あつ子

＜材料＞ 4人分

魚の丸干し（イワシやトビウオなど）*
…4〜8本

衣

- 小麦粉…65g前後
- 卵水（卵1個に水を加えたもの）
  …1/2カップ

揚げ油…適量

*カチカチに干したものではなく、生干しなどやわらかめのものがよい。開きは使わない。

＜つくり方＞

1. 小麦粉に卵水を加えて混ぜ、天ぷらの衣をつくる。
2. 衣を魚の干物につけ、170〜180℃の油でカラッと揚げる。

〈宮崎県〉

魚《さかな》ん天ぷら

海から遠い県南西部の都城《みやこのじょう》地域では無塩《ぶえん》（塩をしていない鮮魚）は入手が難しく、いわし、あじ、とびうお、川魚（はえ）の干物を天ぷらや煮物にしました。肉を食べるのは正月や節句、祭りの折に飼っていた鶏をつぶす程度で、普段は干物が貴重な動物性たんぱく質源です。自家製の小麦粉や菜種油、卵を使ってつくる天ぷらは、運動会、学芸会やさなぼり（田植えが終わった祝い）などのごちそうでした。運動会には、がらんつと呼ぶいわしの口に竹をさした干物の魚ん天ぷらと、まんかん飯（赤飯）のおにぎり、煮しめを重箱に詰めて持って行き、家族で食べたそうです。

天ぷらの衣は、卵だけ、卵白だけ、小麦粉と水とでつくる場合もありました。溶き卵だけでつくると卵が全体につかずまだらになりますが、衣が薄いので香ばしくて一番好きだったという話も聞きました。干物は入手しやすく保存もきくので、現在でも手軽につくられています。

協力＝吉田エイ子、蔵満都美子、木下テル子、秋永正廣　著作委員＝秋永優子、篠原久枝

〈長崎県〉

かまぼこと てんぷら

新鮮な魚肉をすりつぶし、調味料や卵白などを混ぜ、蒸したりあぶったり揚げたりした料理は県全域で食べられています。

かまぼこ（かんぼこと呼ばれることもある）は、魚肉を使った島の代表的な家庭料理の一つでした。すり身の状態でしばらくねかせるのがポイントで、ねかせることで弾力が出てきます。材料もシンプルで好みの味にできるので手づくりすると、市販品は食べられなくなるそうです。内側に昆布や赤、黄、緑の色素で松や花などの絵を描いた「巻きかまぼこ」は、万越《まんご》し祝い（大漁祝い）、節句、結婚式などの祝事につくられ、昔は中の絵柄を競い合ったといわれています。

蒸さずににんじんや青じそなどの野菜を加え、揚げたのがてんぷら（すり身揚げ）と呼ばれています。五島列島をはじめ長崎の離島は釣りがさかんで、大量に釣れた魚介類の保存方法として練り製品、干し魚に加工され、それらが特産品の一つとなっています。

協力＝大坪鷹子、荒木和子、吉村美知子
著作委員＝冨永美穂子、石見百江

てんぷら

＜材料＞ つくりやすい分量

小アジ、イワシなど*… 正味1kg
ごぼう…1/2本
にんじん…1/3本
青じそ…8〜10枚
砂糖…70〜100g
酒…大さじ2
卵…L1個（60〜70g）
塩…23〜30g（夏はやや多めに）
揚げ油…適量

*魚はトビウオ、スケソウダラ、イトヨリダイなどでもよいが、アジが最も一般的。イカを加えるとふわふわ感が出て、違う食感が楽しめる。

◎ごぼう、にんじんの量は適宜調整する。入れる野菜は玉ねぎのみじん切りなどなんでもよい。青みは細ねぎ、パセリでもおいしい。

＜つくり方＞

1 ごぼうは細かくそぎ切りに、青じそとにんじんはみじん切りにする。
2 「かまぼこ」の1〜4と同様にしてすり身にし、1の野菜を混ぜ合わせる。
3 「かまぼこ」の6と同様にして、生地を落ちつかせる。
4 手で小判形に丸め、170〜180℃の油で全体が色づくまで揚げる。

かまぼこ

＜材料＞ つくりやすい分量

小アジ、イワシなど*… 正味1kg
砂糖…70〜100g
酒…大さじ2
卵… L 1個（60〜70g）
塩…23〜30g（夏はやや多めに）
野菜昆布（早煮昆布）…適量（好みで。なくてもよい）

＜つくり方＞

1 小アジの頭を手でとり、手開きにする（写真①、②）。スプーンで身をこそげとる（写真③）。尾を残しておくとスプーンでとりやすい。
2 身は冬はそのまま利用。夏は脂が多いので氷水で洗ったりして余分な脂を除く。洗わないと脂がぼさぼさしておいしくない。
3 水分をきり、砂糖、酒、卵を加え、フードプロセッサーにかける。すり鉢ですってもよい。
4 ややなめらかな状態になったら（写真④）、塩を加え、再びフードプロセッサーにかける。塩は後で入れる方がすりやすい。
5 ラップに4をのばし、水に浸した昆布をのせ、その上にすり身をのばし（写真⑤）、空気が入らないようにラップで巻き上げる（写真⑥）。
6 そのまま夏は30分、冬は1時間以上おいて生地を落ちつかせる。
7 蒸し器で15分蒸す。好みで水で溶いた食紅（分量外）を表面に塗り、冷ましてから1cm幅に切る。

◎すり身は吸いもの、味噌汁などにも使える。

◎五島のかまぼこは食紅を塗るのが特徴。脂の少ない冬の魚の方がつくりやすく、脂がのった夏のアジなどは刺身で食べることが多い。

かまぼこ

てんぷら

撮影／長野陽一

〈鹿児島県〉

きびなごの刺身

きびなごを使う家庭料理は県内各地にありますが、ごく新鮮なものを1尾ずつ手開きにした刺身は一切くせがなく、歯切れのよい独特の食感です。足が早いため、刺身は産地ならではの食べ方で、菊の花のように盛りつけると大変豪華です。

きびなごは南日本を含むインド−西太平洋の沿岸域に生息するニシン科の小魚で、日本では九州近海、とくに鹿児島県の甑島《こしきしま》、薩摩半島、種子島周辺などで漁獲されます。魚群を見つけると刺網《さしあみ》というバレーボールのネットのような形の網を投げ入れ、網に刺さった魚をとります。鮮度が命で、夜中に出漁し短時間の操業でとられたきびなごは、早朝にはせりにかけられます。

甑島では親しみをこめて「じゃこ」と呼びます。「その辺にいくらでもいる小さな魚」ということです。沸かした塩水にきびなごを入れて、ぷうーと浮かんできたところを食べる「ぷう」という甑島の漁師料理は、身はホクホクであっさりしていて、いくらでも食べられます。

協力＝江口勝、角弘久
著作委員＝大富あき子、大富潤

<材料> 大皿1枚分（4人分）

キビナゴ…40〜50尾（10尾程度×人数）
小ねぎ…適量
しょうが…適量
酢味噌
- 麦味噌…大さじ4
- 酢…大さじ2
- 砂糖…大さじ2
- 練り辛子…好みで少々

醤油…適量

朝どれの鮮度のよいキビナゴ。鮮度が落ちると顔のあたりが赤くなる

きびなごのなます。素焼きしたキビナゴの身をほぐして塩少々をふり、大根とにんじんのなますと和えて、ゆずの皮のせん切りを加える

<つくり方>

1 キビナゴは包丁を使わず手開きにする。胸ビレの後ろから頭を手前に折り（写真①）、頭と内臓をとり除く（写真②）。
2 骨の上に親指をのせ、骨に沿って腹側から指で開き（写真③、④）、腹ビレをとり除く。
3 頭側から中骨を外す（写真⑤）。このとき一緒に尾ビレをとり除いてもよい。背ビレを後方からつまみとる。
4 軽く塩水で洗い、盆ザルやペーパータオルにのせて水けをきる（写真⑥）。
5 皮を表にして二つに折り、丸皿に円を描くように何重かに盛りつける（写真⑦）。真ん中に小口切りにした小ねぎや、すりおろしたしょうがなどを添える。酢味噌や醤油で食べる。

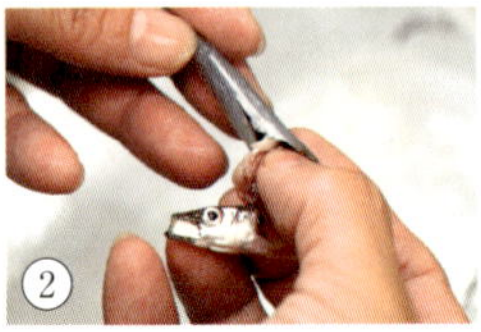

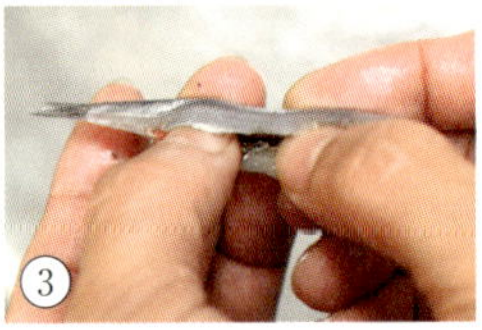

撮影／長野陽一

本書で登場する

魚介の加工品 ❷

練り物は魚の種類や、どの部位を入れるかで違いが出ます。イカやタコは加工することで日持ちがよくなり、内陸部に運ばれてその土地で欠かせない素材になりました。

写真／高木あつ子

練り物いろいろ

黒はんぺんは、イワシやサバを骨ごとすりつぶしてゆでたもの。**すじ**は、すり身をつくるときに残る白身魚の皮や中落ちを使った練り製品で、もともとははんぺん製造時にとり除くサメの筋（すじ）でつくった。赤と白の2色のすり身をうず巻き状に巻いた**なると**は、めん類のトッピングに使うことが多いが、静岡県ではおでんの具にする。

→p73おでん

酢ダコ

ゆでたタコを赤く染めて、甘酢に漬けこんだもの。彩りのよさから年取りや正月などのハレの日に食べることが多い。今はおもにミズダコを使い、北海道で加工されている。

→p99がりがりなます

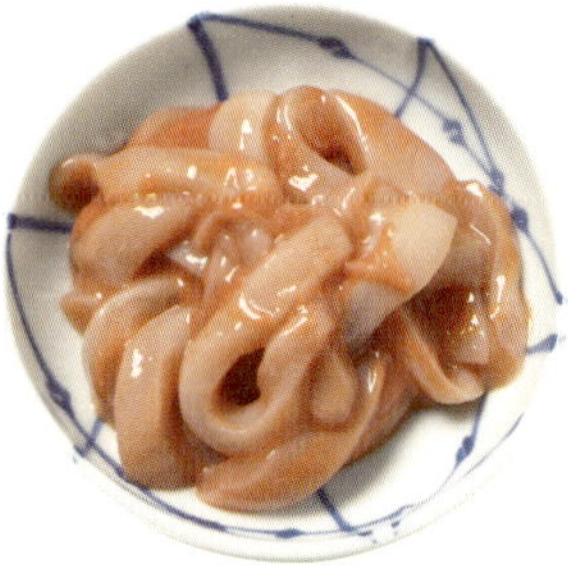

イカの塩辛

イカの塩蔵発酵食品。身とワタを合わせたものが多いが、身だけ、墨入り、麹入りなど多様。うま味と塩味が強く、そのまま食べるだけでなく調味料にもなる。

→p93貝焼き

塩イカ

塩丸イカともいう。スルメイカの内臓をとり、ゆでて塩漬けにしたもの。独特の食感がある。福井県、富山県で加工され、長野県南部、岐阜県で食べられている。

→p91塩いかときゅうりの粕もみ

するめ

イカの内臓をとり、素干しにしたもの。長期保存のきく乾物で縁起物にも使われる。原料の多くはスルメイカ。そのまま焼いて食べても、水などで戻して使ってもよい。

→p97するめの麹漬け

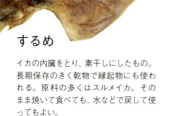

いか・たこ

世界の中で日本人が一番食べているという、いかとたこ。生での利用は海に近い地域ですが、干したり、塩や酢で漬けたりした加工品を使った料理は内陸部も含めて全国にあります。うま味が強いので、野菜やいもと組み合わせた煮物も多いです。

〈青森県〉

いかめんち

もともとは、いかのげそと野菜を刻んで一緒に揚げた料理です。青森県では、太平洋側に面した八戸魚港や日本海側の鰺《あじ》ヶ《が》沢《さわ》漁港など各地でするめいかがたくさんとれ、最盛期の7月から10月には日常のおかずとしていかがよく食卓にのぼります。いかの胴の部分は細く切って刺身にすることが多いですが、いかのげそは刺身で食べることはほとんどありません。さばいて残ったげそを冷凍しておき、ある程度たまったら「今日はいかめんちにしよう」と家にある野菜と一緒に合わせて、揚げたり焼いたりして夕飯のおかずにしました。今はいかを丸ごと使うことも多いです。いかの食感がよく、野菜の甘味といかの旨みに油の香ばしさが加わり、食欲をそそります。

いかめんちに入れる野菜は、キャベツ、長ねぎ、とうもろこし、しょうがなど季節や家庭によってさまざまですが、玉ねぎはいかと相性がよいので欠かせません。いかと同量くらいの野菜を使い、ボリュームのある一品にします。

協力＝小田桐京子　著作委員＝安田智子

撮影／五十嵐公

＜材料＞4人分

スルメイカ…2杯（正味300g）
にんじん…3/5本（90g）
玉ねぎ…1個（160g）
青じそ…5枚
卵…大2個
塩…小さじ1/2
こしょう…適量
小麦粉…70g
揚げ油…適量

＜つくり方＞

1 イカの胴は細切りに、げそは2cm長さに切る。両手に包丁を持ち、形が残る程度に刻む（写真①）。
2 にんじん、玉ねぎ、青じそはみじん切りにする。
3 1と2を混ぜ合わせ、溶き卵と塩、こしょうを入れて混ぜる。小麦粉を混ぜて形がまとまるくらいのかたさにする。
4 170℃の油で揚げる。生地を玉じゃくしですくい、スプーンで流し入れる（写真②）。12個ほどできる。
5 浮いてきたら裏返し、カリッとして焼き色がついたらとり出す。

〈山形県〉
夏いかのくるみ和え

日本海沖合に浮かぶ酒田市飛島《とびしま》の家庭料理で、夏いか（するめいか）のうろ（肝臓）もくるみ（墨）も余すことなく使う、とも和え（肝和え）の一種です。くるみ（墨）を使うので、くるみ和え、また、色が黒くなるので、くろみ和えと呼ぶこともあります。木の実のくるみは入りません。15～17㎝ほどの小ぶりのいかを丸ごとゆでてから食べやすい大きさに切り、調味料でさっと煮ながら和えると、やわらかくて旨みのしみた和え物になります。温かくても冷たくてもおいしく食べることができます。

くるみ和えは出始めの小さな夏いかでつくるのが最適で、大きないかで同じようにつくっても同様には仕上がりません。小さないかは肝臓も墨も小さいので短時間で火が通り、衣の量としてもいい頃合いで和えられますが、大きないかは内臓に火が通るまでゆでると、いかがかたくなるうえ、身に対して肝臓の量が多いので加減が必要になります。大きないかは、するめの一夜干しや刺身、煮物、塩辛、魚醤などをつくるときに用います。

協力＝畠中さち子、齋藤専子、佐藤由紀子、佐藤英俊　著作委員＝平尾和子

撮影／長野陽一

＜材料＞ 4人分

スルメイカ（小）…5～6杯（250g。中程度のイカは2杯程度）
イカのゆで汁…1/2カップ
味噌…大さじ1
酒…大さじ1
長ねぎ…1/2本

＜つくり方＞

1 イカは内臓を入れたままゆでる。時間は、イカを入れ再沸騰してから2～3分（中程度のイカなら3～4分）。表面が白くなり、内臓にも火が入る。
2 胴体は軟骨を抜き、5～6㎜幅に輪切りにし、足は食べやすい大きさに切る。目と口はとり除く。
3 鍋に切ったイカと、1のゆで汁、味噌、酒を入れ、箸でかき混ぜながらさっと煮て和える。
4 最後にねぎのみじん切りを入れて混ぜ、盛りつける。

〈宮城県〉

いかの切りこみ

三陸沿岸部でつくられているするめいかの塩辛です。ここでは夏から冬にかけて新鮮なするめいかがたくさん手に入るので、保存食というよりは即席漬けの感覚で仕込みます。早く食べたければ塩を控えめにし、少し日持ちさせたいときは塩をきつくして水けをよくきり、その時々でつくり方や味つけを変えながら、日常のおかずや酒の肴として親しまれてきました。

いかの和え衣に味噌を入れるのは、臭み消しと風味づけのためです。一晩ねかせると、ぷりぷりとした食感のいかに腑《ふ》と味噌の衣がよくからんで噛むごとに香りと旨みが口の中に広がります。三陸沿岸部ではするめいかだけでなくやりいかもとれますが、切りこみにするのは腑が大きく身が肉厚なするめいかです。胴が赤みを帯びた茶色で、つやとはりがあり、足がピンとしている新鮮なものを選びます。なかでも晩秋のするめいかが身も腑も成熟しており、この時期に仕込んだ切りこみが特別おいしいのだそうです。

協力＝三浦さき子、西城良子、菅原悦子
著作委員＝濟渡久美

撮影／高木あつ子

＜材料＞ 約430g分

スルメイカ…2杯（正味300g）
仙台味噌（赤色辛口）…大さじ2（塩分4.6g）*
塩…小さじ2（10g）

*塩分は味噌と塩を合わせてイカの正味重量の約5%。

＜つくり方＞

1 イカの胴体に指を入れ、胴にはりついている内臓をはがしながら足ごと引き出す。腑（わた袋）が破けないように注意する。足と腑を切り離す。腑は1杯分を洗い、ペーパータオル等で水けをふきとる。墨袋や口、目はとり除く。
2 腑に塩小さじ1（分量外）をまぶす。胴と足、腑を入れたザルごと大きめのボウルに入れ、ラップをかけて冷蔵庫で一晩おく。水分が抜け、保存性が増す。
3 翌日、胴の皮をむき、開いて軟骨をとり除き、長さ5cm、幅7〜8mmの細切りにする。足は吸盤をとり、5cmくらいの長さに切る。
4 腑の袋から中身をしごき出し、味噌と塩を混ぜる。
5 4に3を入れて全体を混ぜる。味をなじませるために冷蔵庫で一晩おく。仕込んだ翌日から3日目までが食べ頃。5日目くらいまでに食べきるとよい。

◎残った腑は塩を振って焼いて食べてもよい。
◎皮をむくと白造り、皮をむかないと赤造りになる。白造りの方がやわらかい食感になる。

撮影／高木あつ子

＜材料＞ 4人分

塩イカ…1/2杯
きゅうり…2本（200g）
塩…小さじ1/3
酒粕（練粕）…70g
砂糖…大さじ1と2/3

＜つくり方＞

1 塩イカは水で洗った後、水に1時間ほど浸して塩抜きする（夏は冷蔵庫で保存）。途中、水を2〜3回替えて、少し塩味が残る程度に塩抜きする。
2 きゅうりは板ずりをして薄い小口切りにし、塩で軽くもんでしんなりさせる。塩水（水2カップ、塩小さじ2）に10分ほど浸してもよい。
3 酒粕に砂糖を入れて混ぜ合わせる。
4 塩イカを薄い輪切り、または手で裂いて食べやすい大きさにし、水けをきる。
5 きゅうりの水けをしっかりしぼり、塩イカと混ぜ合わせ、食べるときに3の酒粕と和える。

塩イカと白菜の粕和え。ゆでた白菜を刻んで同様に和えたもの。酒粕を使わず、塩イカときゅうりだけで和える食べ方もある

〈長野県〉

塩いかときゅうりの粕もみ

塩いかは、海から遠い地方へ送るため、いかをゆでて塩蔵した保存食です。長野県では生のいかが流通する今日でもよく利用され、塩いかの全国消費量の約9割を占めます。なかでも酒粕（練粕）ときゅうりを和えた粕もみは塩いかの代表的な料理で、夏の日常食やお盆のごちそうとして上伊那・下伊那地方で親しまれ、海のない信州ならではのいか料理です。

塩いかは塩丸いかとも呼ばれ、するめいかの足と内臓を引き抜き、ゆでて皮をむいて塩蔵します。塩漬けによるたんぱく質の変性により、生のいかとも煮物のいかとも異なる独特の食感です。

ゆでてあるので塩抜きするだけで食べられ、きゅうりやみょうが、ゆでたキャベツなどと合わせて、酢の物にしたり、夏に出回るやわらかい酒粕で和えます。味の決め手は塩の抜き加減で、塩けが少し残る程度に抜きます。包丁で切ってもよいのですが、手で裂いた方が味のなじみがよいという人もいます。

協力＝松下良子、馬場よし子、岩田良子
著作委員＝中澤弥子

〈群馬県〉

いかと里芋の煮つけ

海のない群馬県でも前橋市などには魚屋兼おかず屋の店舗があり、市場で魚を仕入れて販売していたので、比較的生の魚が手に入りやすい環境でした。生のいかはフライや天ぷら、煮物にしたり、新鮮なものがあれば塩辛をつくったりもしました。

秋の里芋が収穫できる頃につくるのが、いかと里芋の煮つけです。特有のぬめりと粘りがあり、煮くずれしにくい土垂《どたれ》という品種が出回ると、よく一緒に煮つけました。子どもの頃、日が短くなり、遊びから帰る夕暮れどきになると、どこからともなく、いかを煮るにおいが漂ってきたのも懐かしい思い出です。

里芋は直接、調味液に入れて煮ると、下ゆでしなくても煮汁にぬめりが出ません。とろりと煮えた里芋にはいかの味がしみ、なんともいえないおいしさがあります。新鮮ないかのワタを加えて煮ると、まったりと味が濃くなるわた煮ができ、これまたくせになる味でした。県西部の松井田や下仁田では、いかの生干しでつくったそうです。

著作委員＝堀口恵子

撮影／高木あつ子

＜材料＞ 4人分

イカ（大）…1杯（約240g）
里芋…7個（500g）
水…250mℓ
酒…大さじ1
みりん…大さじ1
砂糖…大さじ1
醤油…大さじ2
ゆずの皮…適量

＜つくり方＞

1 イカはワタや軟骨をとり、水洗いしてから1cm幅に切る。足は1本ずつに切り離す。
2 鍋に分量の水と調味料を煮立て、イカを入れて2分ほど熱を加えてとり出す。
3 2の鍋に皮をむいた里芋を入れて強火にする。
4 煮立ったら中火にして、里芋がやわらかくなるまで10分程度煮る。
5 里芋がやわらかくなったらイカを鍋に戻し、鍋をゆすりながら汁けがなくなるまで煮る。
6 器に盛りつけ、ゆずの皮のすりおろしを上にかける。しょうがのせん切りを添えてもよい。

◎イカは煮すぎるとかたくなるので、軽く火を通したらとり出し最後にまた加える。

◎新鮮なイカはワタ煮にしてもおいしい。2でイカをとり出したら袋のままのワタを加えて、里芋と煮る。

撮影／高木あつ子

貝焼き

〈新潟県〉

　県の西南端に位置する糸魚川地区に伝わる、季節の野菜をいかの塩辛で煮た料理で、ご飯にかけると食が進みます。海岸でほたて貝の貝殻を鍋代わりに使った漁師飯に由来するもので、貝焼きといっても具に貝は入っていません。現在では普通の鍋で汁けを多くつくることもあります。「しょっから汁」「しょっから煮」ともいい、塩辛の味がポイントです。初冬のいかが大量にとれる時期に、小ぶりのいかを内臓も入れたまま塩辛にします。それが具にもなり、魚醤のような調味料にもなるのです。こぬかいわし（いわしのぬか漬け）を加えることもありますが、いかの塩辛ははずせないといいます。

　糸魚川は漁師町で、漁のあった日は朝から魚の行商が来ました。朝食の刺身も珍しくなく、どの家でも、あんこうも自分でおろし、いかは箱買い、いわしは樽買いしたそうです。貝焼きには大根菜（大根の葉）も必ず入れました。大根菜は生や干したり、塩蔵したりして一年中手元にある野菜でした。

協力＝白澤恵子、冨岡幸子、関タカ子
著作委員＝山田チヨ、長谷川千賀子

＜材料＞ 1人分

なす…1〜2個（150g）
イカの塩辛*…8〜10g
大根菜（葉）…15g
味噌…小さじ1
水…1/2カップ

ホタテの貝殻

*塩辛の塩味によって加える味噌の量を加減する。

＜つくり方＞

1. なすは短冊に切り、水（分量外）につけてアク抜きをする。
2. 大根菜をゆで、3cm程度に切る。
3. 貝殻になすと塩辛、水を加えて火にかけ、ナスが煮えたら大根菜を加える。
4. 塩味をみて、味噌の量を加減して入れる。

◎ほかに、こぬかいわし、鬼おろし大根、かぼちゃなどを加えることもある。薬味としてゆずの皮を入れるとおいしい。

汁けを多くして供することもある

〈富山県〉

ほたるいかの酢味噌和え

〝富山湾の神秘〟と呼ばれ、春の訪れを告げるほたるいかは、普段は水深500～600ｍの深海にいます。春になると産卵のため上がってきて、群れをなして海岸近くに押し寄せます。まだ暗い未明、浜辺に無数のほたるいかが青白く光る光景はまさに神秘的です。

鮮度のよいほたるいかをゆでると胴が丸くなりつやが出て、足が丸まります。みみがくるっと裏返り、裏面が白くなるのが特徴です。外はプリプリ、中はトロリとして絶品で、おもてなしにも日常にもよく食べられます。あさつきやわけぎと組み合わせ、辛子酢味噌を添えることで彩りや味が引き立ちます。

県内でもほたるいかが最も多く水揚げされる滑川《なめりかわ》漁港では「捨てるのは目玉だけ」といいます。丸ごとゆでる以外にも胴は刺身に、ワタは塩辛に、卵は煮物や汁物に、小さな軟骨は乾炒りしておやつやおつまみにするそうです。刺身は何といっても地元の特権。ほたるいかの炊きこみご飯にしたり、また、ピザやパスタにしてもおいしいものです。

協力＝倉本禮子
著作委員＝原田澄子、深井康子

<材料> 4人分

ホタルイカ…200g
わけぎ…150g
ワカメ（乾燥）…6g
辛子酢味噌
- 淡色辛味噌…大さじ2と1/2
- 砂糖…大さじ1
- 酢…大さじ2
- 練り辛子…小さじ1/4

<つくり方>

1 ホタルイカは生のとき（写真①）に目をプチプチとちぎりとる（写真②、③）。

2 海水くらいの濃度（約3％）の塩水を煮立ててホタルイカをゆでる。透明だったイカが白くなり（写真④）、淡い桜色になり（写真⑤）、濃いピンクに変わる（写真⑥）。そこからもうひと呼吸、30秒～1分煮てザルにあげる（写真⑦）。流水でざっと洗いアクなどを流す（写真⑧）。

3 塩ひとつまみを入れた湯にわけぎを根元の太い部分から入れる（写真⑨）。1分ほどゆで、水きりをして、冷水にとり（写真⑩）しぼり、3～4cm長さに切る。

4 ワカメは戻し、さっと湯をかける。

5 辛子酢味噌をつくる。鍋に、味噌、砂糖、酢を入れ弱火で焦げないようにかき混ぜながらとろりとするまで煮つめる。最後に練り辛子を入れよく混ぜる。

6 器にホタルイカ、わけぎ、ワカメを盛りつけ、辛子酢味噌をかける。

◎ワカメは県の東境、朝日町の宮崎浜でつくる「灰つけワカメ」を用いると、鮮やかな色合いでやわらかくおいしい。灰つけ(灰干し)法は酵素の抑制や紫外線の遮断などで香りや色が長もちするが、いまでは全国でも希少になっている。

撮影／長野陽一

〈岡山県〉

べいかの酢味噌かけ

ピンクにゆであがったべいかは、ふっくらとやわらかく、くせのない上品な旨みがあります。米粒のような小さな卵を持っていればもっちりとさらにおいしくなります。

べいかはヤリイカ科の小型種で、胴は4〜7cmほど。瀬戸内沿岸の穏やかな内湾に生息し、春から初夏にかけてが産卵期です。丸ごとさっとゆでて、木の芽味噌や辛子酢味噌で食べられてきました。瀬戸内沿岸の限られた地域の、卵入りのものはさらに期間限定のおいしさです。

べいかは四つ手網漁が知られていますが、現在は多くが底引き網でとったもののようです。四つ手網は5mほどの正方形の網で、十文字に組んだ竹の端に四隅を留め、中央に引き網をつけたもの。夕刻に網を沈めておき、網の上で明かりをつけると、魚が集まります。頃合いを見て網を引き揚げると、いろいろな魚がかかっていて、べいかを探すのが楽しみだったといいます。児島湾周辺には、四つ手網漁体験ができる小屋がわずかに残っています。

協力＝石井つる子　著作委員＝大野婦美子

撮影／長野陽一

＜材料＞ 4人分

ベイカ*…20杯
酒…3/4カップ
塩…小さじ1/4
辛子酢味噌
- 白味噌…50g
- 卵黄…1/2個
- 練り辛子…3g
- 砂糖…大さじ1
- 酢…大さじ1と1/3
- うす口醤油…小さじ1/3

*ヤリイカ科の小型種。

＜つくり方＞

1 ベイカはざっと洗う。大きめのものは目玉や口をとる。
2 鍋に酒、塩を入れて火にかけアルコールを飛ばす。ベイカを一度に入れ、色が全体に赤く変わるくらいにゆでる。ザルにあげて水けをきる。
3 辛子酢味噌をつくる。すり鉢に白味噌を入れてなめらかになるまでする。卵黄と練り辛子を加えて混ぜ、さらに砂糖を加えてすり混ぜる。全体がなめらかになれば、酢と醤油を加えて混ぜ合わせる。
4 器にベイカを盛り、辛子酢味噌をかける。

撮影／五十嵐公

＜材料＞

- スルメイカの一夜干し…1枚(200g)
- 酒…1/2カップ

- 米麹…400g（米2.5合分）
- 70℃の湯…1と1/2カップ程度

塩漬けした野菜*…200g
塩もみしたにんじん（せん切り）
…50g
細切りの昆布…20g程度
醤油…1カップ
みりん…1/2〜1カップ

保温機能のついた炊飯器**、3〜4ℓの容器、250g程度の重し

*きゅうり、なす、しその実などの野菜に塩(30%重量)をまぶして7日間おく。水が上がったらしぼる。

**なければ鍋に入れ、発泡スチロールの箱に湯を入れたペットボトルの上におくのでもよい。

＜つくり方＞

1 塩漬け野菜は刻んで一晩水につけて塩出しする。
2 イカは繊維に平行に4〜5cm長さの細いせん切りにして、酒を全体にまぶし、一晩おく。
3 麹に湯を入れてひたひたにし、炊飯器で2〜3時間保温して甘酒をつくる。蓋は箸を1本かませて半開きにしておく*。
4 1とにんじんの水けをよくしぼる。2、3とすべての材料を混ぜ合わせ、容器に入れる。表面をラップで覆って落とし蓋と重しをのせる。
5 初めの3日は毎日しゃもじなどで全体を混ぜる。3日目から食べられる。冷蔵庫で約1カ月保存可能。

*酵素が働きやすい50〜60℃を保つ。

〈鳥取県〉

するめの麹漬け

県内各地でつくられている、麹をたっぷり使った保存食です。野菜の塩漬けとするめを麹に漬けてしばらくねかすことで、それぞれの甘味と旨み、風味が全体になじんでおいしくなります。今回は熟成を早めるため、スルメイカの一夜干しと甘酒を使ってつくるレシピを紹介しましたが、以前はかたいするめを麹に1カ月ほど漬けてから食べていました。麹でやわらかくなったするめと野菜のしゃきしゃきした食感も楽しく、ご飯のおともや酒の肴、箸休めの一品として親しまれてきました。

野菜の塩漬けは、きゅうりやなすなど、畑でたくさんとれた野菜を塩漬けして長期間保存しておいたもの。普段から塩抜きして、やたら漬けや福神漬けをつくったり、油で炒めたりしてよく使います。

鳥取市周辺は水田が広がる平野部で、昔は米だけでなく麦もよくとれました。当時は麹も各家庭でつくっており、米麹は味噌や甘酒、さばの麹漬け、麦麹は金山寺味噌などの保存食に使っていました。

協力＝鳥取市生活研究グループ連絡協議会
著作委員＝松島文子、板倉一枝

イカのさばき方

イカは種類によって処理の仕方が違います。
ここではイカの中でもっとも消費量の多い
スルメイカの処理の仕方を紹介します。

写真／荻原一　協力／奥村彪生

1 イカの胴に親指を入れて足のつけ根の部分をはずす。

2 足を持って内臓ごと丁寧に抜き出す。

3 胴の背に細い軟骨が1本入っているので、抜いて胴の中を丁寧に洗う。

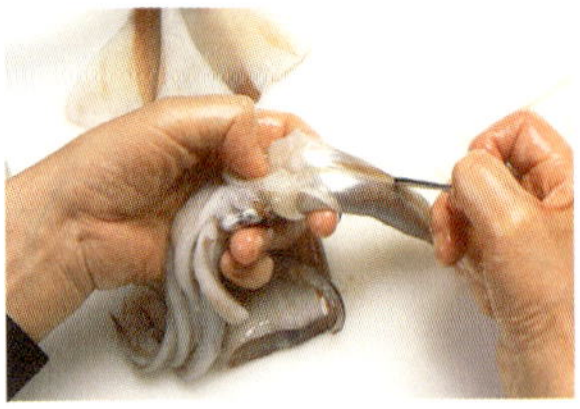

4 足の部分を持ち、墨袋を指でつまんで、つぶさないように、ワタからはずす。

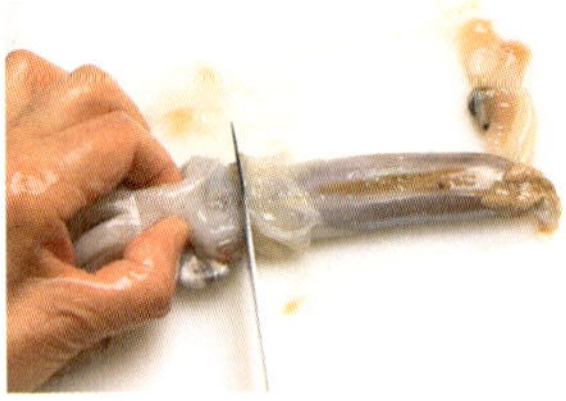

5 目の上の部分で、足からワタを切り離す。

6 頭も目の下のところで切りとる。

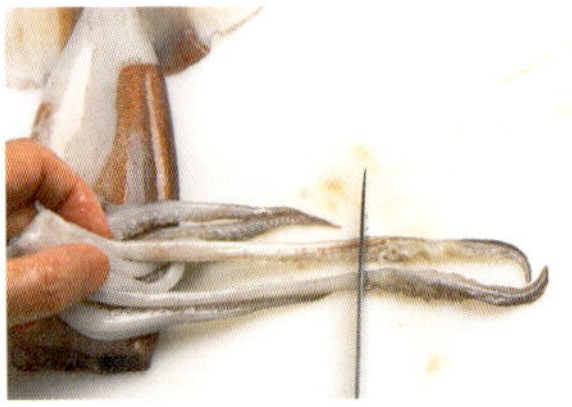

7 足の長い2本（触腕）は他の足と長さを切りそろえる。

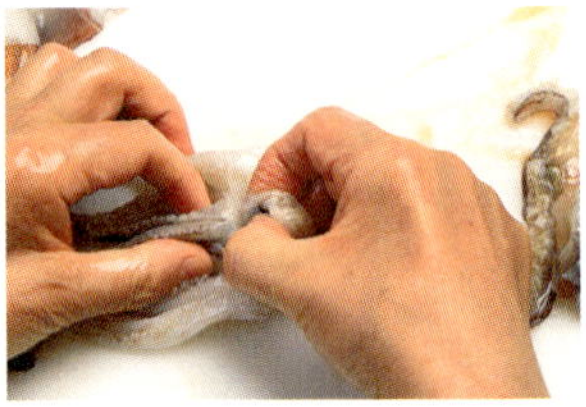

8 足のつけ根を開いて口を指でつまんでとる。

◎このあと、用途に応じて、身は輪切りにしたり皮をむく。ワタや墨袋は塩辛やイカ墨料理に使う。

※出典：絵本『おもしろふしぎ日本の伝統食材9　いか』（農文協）

撮影／五十嵐公

＜材料＞ 10人分

酢ダコ…150g
大根…1kg（1本）
にんじん…100g（2/3本）
塩…小さじ1/2弱
長ねぎのみじん切り…30g
ゆずの皮のせん切り…適量
甘酢
　酢…3/4カップ
　砂糖…180g

＜つくり方＞

1 大根とにんじんは皮をむき、鬼おろしで粗くおろし、塩をする。
2 甘酢をつくり、水分を軽くきった1と合わせる。
3 酢ダコをひと口大に切り、2に混ぜる。
4 小鉢に盛りつけ、ねぎのみじん切りをふり、ゆずの皮を天盛りにする。

〈茨城県〉

がりがりなます

鹿嶋市や行方《なめがた》市など湖沼沿岸地域で食べられている、おろした大根とにんじん、酢だこの酢の物です。ハレの日、人寄せの際の料理で、昔は霞ヶ浦でとれる小魚を酢漬けにしておき、一年を通じて季節の野菜とでつくっていました。現在は小魚を酢漬けにすることもなくなり、冬にとれる鹿島だこを加工した酢だこを使い、赤く彩りもよいので正月の酢の物とされています。鬼おろしで粗くおろした大根とにんじんの独特の食感がこの料理のおいしさです。野菜の繊維を破断した形なので、子どもからお年寄りまで食べやすく、万人向けの料理です。

県内各地に「鬼おろし」で大根やにんじんをおろす料理があり、結城やつくば地域では初午《はつうま》に食べる「すみつかれ」、県南の石岡や千代田などでは「酢みつかれ（魚などのたんぱく質食材は不使用）」があります。茨城県の酢の物は総じて砂糖が多く甘いのが特徴で、三杯酢より甘酢に近いものがほかの酢の物でも使われます。

協力＝橋本ひさ子、仙土玲子
著作委員＝荒田玲子

〈兵庫県〉

たこのやわらか煮

コトコトとやわらかく煮て、甘辛く濃厚な煮汁がたこの中までしみこんだやわらか煮は、ご飯や酒の肴によく合います。多めにつくり天ぷらにすると、味がついているのでそのまま食べられ冷めてもおいしいです。たこ飯にしてもいいでしょう。

明石市の真だこは全国的に有名で、明石海峡で水揚げされる真だこのことを「明石たこ」と呼びます。市内の貝塚から2000年以上前のたこ漁のたこ壺が発見されているほどなじみ深い食材です。明石海峡の速い潮流に流されないようにふんばるので足が太く短くなり、陸でも立って歩くほど力強い肉質です。旬は梅雨のころから7月下旬で、産卵に備えて活発に餌をとるので味がのっています。ゆで上がると小豆色になるのが特徴です。

明石で水揚げされた魚は午前中に漁協でせりにかけられ、正午過ぎには店頭に並ぶため「昼網」と呼ばれます。このせりは活魚が基本なので、明石のたこや魚は店頭で生きていることも多いほど新鮮です。

協力＝杉原千代子　著作委員＝中谷梢

＜材料＞ 4人分

タコ（生）…中1匹（約600g、正味約500g）
ぬめりとりの塩…ひとつかみ×約3回
下ゆでの水…適量
だし汁（昆布とかつお節）…1と3/4カップ
砂糖…20g
醤油…1/4カップ
酒…1/4カップ
みりん…大さじ2
しょうが…1かけ（25g）

＜つくり方＞

1 タコの頭の部分にある隙間に指を入れ、タコの頭を裏返しにし、内臓をとり除く。流水で洗う。
2 すり鉢にタコとひとつかみの塩を入れ（写真①）、しっかりともんでぬめりをとり（写真②）、流水で塩を洗い流す。
3 タコのクチバシ（口（クチ）：全ての足の中心部分）はぬめりがとり除きにくいため、頭部を立て、すべての足を広げ、クチバシの周辺を丁寧にすり鉢にこすりつける。頭、足、クチバシのぬめりが完全に取れるまで、塩洗いと水洗いを3回程度繰り返す。
4 タコの目と目の間にある、足のつけ根に切りこみを入れる（写真③、④）。切りこみを入れることで、ゆでたときにきれいに足が広がる。
5 鍋に湯を沸かし、タコを下ゆでする（写真⑤）。ぬめりがとれていればアクは少ない。頭に竹串がやわらかく通ればゆであがり（写真⑥）。
6 ゆであがったタコを食べやすい大きさに切り分ける（写真⑦、⑧、⑨）。足先の触覚は2cm程度切る。
7 鍋にだし汁と調味料としょうがのせん切りを合わせてひと煮立ちさせ、6のタコを加え、蓋をして煮汁が1/3量に減るまでゆっくりと煮る。彩りにゆでたワカメを添えてもよい。

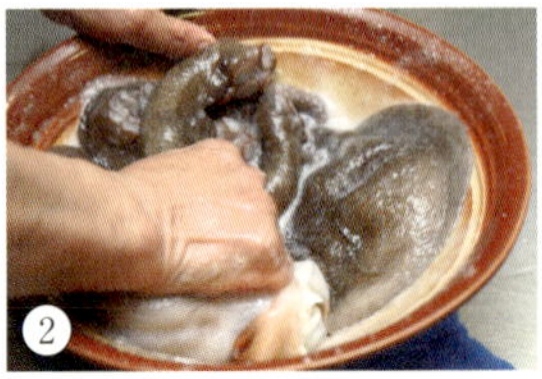

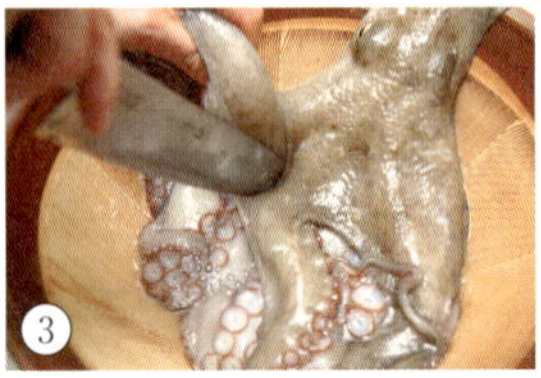

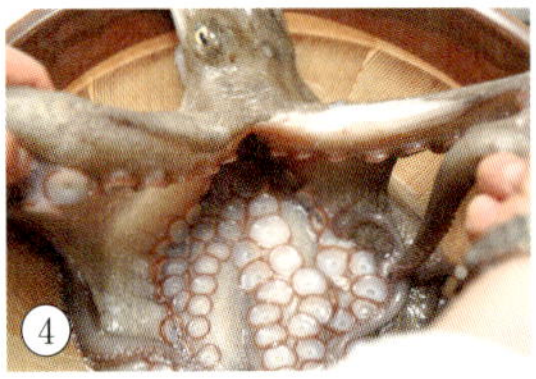

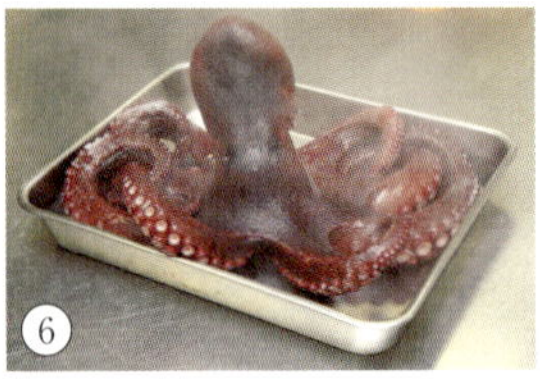

撮影／高木あつ子

〈石川県〉

いもだこ

いもだこは能登地区のどの家でもつくられている、とても一般的な家庭料理です。プルプルとやわらかく煮えたたこと、たこのだしでほっくりと煮えた里芋の取り合わせは誰もが好きな味。夏祭りには必ずつくるごちそうでした。春にはいいだこでつくり、これも卵の甘味ともっちりとした食感が加わりおいしいものです。

たこをやわらかく煮るには、よく塩もみして、じっくりことこと煮つめること。ゆでだこではなく、必ず生のたこを使います。生のまま冷凍したものを解凍してもいいそうです。能登半島の七尾市あたりでは、かつては、たこは自分で釣ってきて食べるものだったそうで、新鮮な生だこが手に入りました。

いもは近年ではじゃがいもでつくる人も増えましたが、これは里芋よりも扱いやすいからかもしれません。じゃがいももほくほくとしておいしくいただけます。たこからよいだしが出るので、煮汁たっぷりの汁物のようにつくる人もいます。

著作委員＝新澤祥惠、川村昭子、中村喜代美

撮影／長野陽一

＜材料＞ 4人分

タコ（生）…400g（イイダコなら8～12匹）
里芋…8個（450g）
水…2カップ
砂糖…小さじ1
醤油…大さじ2
みりん…大さじ2
酒…大さじ2

＜つくり方＞

1. タコはぶつ切りにして、塩（分量外）でもみ洗いする。
2. 里芋は皮をむき、塩（分量外）をまぶしてもみ洗いしてぬめりをとり、大きいときは2つに切り、半煮えくらいまで下ゆでする。
3. 水と調味料を煮立て、タコと里芋を入れて、ゆっくり煮つめる。

撮影／高木あつ子

<材料> 4人分

イイダコ…小8匹（400g）
里芋…400g
醤油…大さじ2と1/2
砂糖…大さじ2と1/2
酒…3/4カップ

<つくり方>

1 里芋は皮をむき、ひと口大に切った後、塩（分量外）でぬめりをとり、かためにゆでる。
2 タコは墨袋をとる。卵が入っている場合はくずさないようにする。塩（分量外）でもみ、さっとゆでて、大きければ縦に1/4～1/2の大きさに切る。
3 鍋に調味料を入れてひと煮立ちさせ、タコを入れて中火で煮る。
4 タコに火が通ったら鍋から出し、里芋を入れて弱火～中火で煮る。
5 里芋に味がしみたら、タコを鍋に戻し、中火で煮含める。

イイダコは水深20mくらいまでの砂地に生息し、内湾的な環境を好むため、とくに備讃瀬戸海域は特産地となっている

〈香川県〉

いもたこ

瀬戸内海でとれる飯《いい》だこと田んぼの隅で栽培されてきた里芋との、海と里の幸を組み合わせた料理です。香川県はたこの消費量が全国1位（2016年度家計調査より）で、天ぷらや炊きこみご飯にして食べている、なじみ深い食材です。飯だこは冬の香川を代表する味覚で、体長5～20㎝と小さいので、丸ごと一匹煮てそのまま食べるのが好まれます。1月から3月の産卵期になるとメスの頭（胴体）に小さな米粒形の卵がいっぱいに詰まるので飯だこと呼ばれ、「いい持ち（子持ち）」のメスは頭から丸かじりするとおいしく、独特の歯ごたえと味わいがあります。

瀬戸内海に浮かぶ広島（丸亀市）では、冬から春、漁で多くとれると近所からもらったり、自分で釣ったりしました。「いい持ち」でなくてもうま味があるので、ゆでてしょうが醤油で食べたり、天ぷらやわけぎの酢味噌和え、おでんに入れたりします。今は食べきれないときにはゆでて冷凍し、年中食べています。

協力＝三野道子、新田雅子、曽我千穂子、中條従子　著作委員＝次田一代

えび・かに

ここで紹介するのは、輸入品や冷凍品ではなく、地元の海でとれた新鮮なえびやかにを使った料理です。かつては小えびは普段のおかずに、かにもおやつにするほど、たくさんとれていました。独特のおいしさをいかし、煮物や揚げ物などさまざまに使います。

〈静岡県〉

沖あがり

桜えびを豆腐や葉ねぎと一緒に、すき焼きのような味つけで甘辛に煮る料理で、桜えびの漁師たちが沖から上がって食べるので、沖あがりと名づけられました。明治27年、桜えびが発見されたときの記録にもこの食べ方が記されており、桜えび漁発祥の地である由比《ゆい》伝統の味です。

桜えび漁は夜間に行なわれます。日中、水深数百メートルのところで生活している桜えびは夜になると上の方に浮上してくるので、昔は朝まで漁をして戻ってきました。漁師たちの労をねぎらい、漁で冷えた体を温めるために網元の家で出されたのがこの料理です。冷めにくいように土鍋で煮て、熱々の豆腐と肉厚でやわらかな葉ねぎを、えびの旨みたっぷりの煮汁とともに味わいました。疲れがとれるようにと味つけは甘めです。かつては漁に出る日は、豆腐屋が沖あがり用に豆腐を届けてくれました。昔の豆腐は現在のものより粗めで、その分、桜えびのだしがしみてとくにおいしかったそうです。

協力＝望月美鈴、原和枝
著作委員＝中川裕子

撮影／五十嵐公

<材料> 4人分

生桜エビ…100g
豆腐…1.5丁（525g）
葉ねぎ…100g
砂糖…大さじ3*
醤油…大さじ2と2/3
酒…大さじ3
水…1/4カップ

*甘めの味つけなので好みで調整する。

<つくり方>

1 桜エビをザルにあげて、水けをきる。
2 豆腐をザルにあげて水けをきり、1丁を8等分に切る。手でほぐしてもよい。
3 葉ねぎは2〜3cm長さに切り、白い茎と緑色の葉に分ける。
4 土鍋に分量の水と調味料を入れて混ぜ、火にかける。
5 煮立ったところに豆腐、桜エビ、葉ねぎの白い茎を入れ、蓋をして中火で煮こむ。
6 豆腐から水分が出て味がしみたら、残りの葉ねぎを加えてさっと煮立たせる。色が悪くなるので葉ねぎを入れたら長く煮こまない。

〈静岡県〉

桜えびのかき揚げ

撮影／五十嵐公

<材料> 約15枚分（4〜6人分）

生桜エビ…500g
小麦粉…1カップ
冷水…1カップ
細ねぎ…5〜6本
揚げ油…適量

<つくり方>

1 細ねぎは1cm幅の小口切りにする。
2 小麦粉と冷水を合わせ、箸で軽く混ぜる。
3 桜エビと細ねぎを2に合わせ、箸で全体が均一になるよう混ぜる。
4 へらやフライ返しの上で生地を平たく円形に整え（写真①）、180℃に温めた油の中に形がくずれないようすべらせる（写真②）。油の温度が高すぎると、ねぎがすぐに焦げるので注意する。
5 油に入れた面に火が通ったら裏返し、両面がかりっとなるまで揚げる。
6 好みで塩を添える。

①

②

見るからに香ばしく、かりっと揚がった桜えびのかき揚げは、駿河湾《するが》に面する静岡市由比地区で昔から親しまれてきた味です。由比地区は桜えびとしらす漁が盛んで、とくに桜えびは日本一の漁獲量を誇り「桜えびの町」として有名です。今でこそ冷凍で流通しますが、鮮度の落ちやすい生の桜えびは、昔は地元で消費されるだけでした。

桜えびのかき揚げは、このえびを贅沢に使った自慢のおかずで、地域でえびの天ぷらといえば、かき揚げを指します。彩りに細ねぎを少し加えたりしますが、基本的に材料は桜えびだけ。衣を少なくしてせんべいのように薄く揚げ、桜えびのおいしさを最大限に生かします。薄く大きく揚げるのは、見た目のボリューム感を増やすためでもあるそうです。

噛んだ瞬間に、濃厚なえびの風味と旨みが広がりそのままでも十分おいしいのですが、ほんの少し塩をつけると甘味が引き立ちます。甘辛だれで丼にしても、うどんやそばに入れても、たれに負けないおいしさです。

協力＝望月美鈴、原和枝　著作委員＝中川裕子

〈富山県〉

白えびのかき揚げ

玉ねぎの甘味とえびの歯ごたえが絶妙なかき揚げは、富山湾に臨む富山市岩瀬では家庭料理の定番としておかずや丼の具としてよくつくられてきました。えびが重なったところはカリッと揚がらないので、なるべく薄く揚げるのがコツです。また、タネの段階で少しだけ塩を加えてえびの甘味を引き立てています。

白えびは水深100〜300mの海域に生息し、体長は約6cm、透明感のある淡いピンク色で「富山湾の宝石」と呼ばれます。漁期は4月から11月で、射水《いみず》市の新湊《しんみなと》ではヒラタエビとも呼ばれています。傷みが早いので、干しえびにしたり、白えびだしでそうめんを食べたり、だしをとったえびを佃煮にして食べたりしています。鮮度のよいものが流通するようになった今ではすし、天ぷら、吸い物、えびだんご、昆布じめなどさまざまに料理されていますが、かつては赤い方がえびらしいと着色されることもあったといわれています。

協力＝尾山春枝、黒田笑子
著作委員＝深井康子、守田律子、原田澄子

撮影／長野陽一

＜材料＞ 4人分

白エビ…150g
玉ねぎ…1.5個（350g）
にんじん…1/2本（120g）
三つ葉…3本（5g）
小麦粉…250g
卵…1個
水…75mℓ
塩…少々
揚げ油…適量

白エビ

＜つくり方＞

1 白エビを水で洗い、乾いた布巾の上でしっかり水けをきる。
2 玉ねぎは薄切り、にんじんはせん切りにする。三つ葉は刻む。
3 卵を水で溶いて小麦粉を加え、玉ねぎとにんじん、三つ葉を混ぜ合わせる。
4 1の白エビ、塩を加えて混ぜる。
5 170℃の油で揚げる。適量をへらですくい、エビが重ならないように材料を平らにして、油の中にすべりこませるように入れる（写真①）。きつね色になるまでカリッと揚げる（写真②）。油は高温にせず一定の温度を保ち、なるべく薄く揚げる。

甘えびの煮つけ

〈石川県〉

甘えびは刺身のとろける甘さもいいですが、煮つけのやさしい口ざわり、歯ざわりと濃厚な旨みも、他の煮物にはないおいしさです。頭のみそもおいしいので、しゃぶって食べます。子（卵）持ちならそれも一緒に煮ます。煮汁は旨みが濃いので煮物に使い、こんにゃく、里芋、れんこん、じゃがいもなどがよく合います。

最近は刺身用として形や大きさをそろえて売られていて、高級魚の仲間入りをしていますが、昔はひと山いくらで売られる普段のおかずの食材でした。新鮮な魚介類が少ない夏のあと、初秋に底引き網漁が解禁になると、いろいろな魚が店頭に並びます。甘えびも大小とり混ぜて山盛りにしてあり、それを買ってきて、どんと煮て大皿に盛り、家族で皮をむきながら食べたものでした。

甘えびは正式名称をホッコクアカエビといい、日本海の水深200〜500mに生息しています。最初は雄で、ふ化後4年目の春に雌になるという不思議な生態をもつえびです。

著作委員＝新澤祥惠、川村昭子、中村喜代美

撮影／長野陽一

＜材料＞ 4人分

甘エビ…12尾
- 水…1カップ
- 砂糖…大さじ1
- 醤油…大さじ2と1/2
- 酒…大さじ2

こんにゃく…1/2枚（100g）

甘エビ

＜つくり方＞

1. 甘エビはひげを切りそろえ、塩水（分量外）で洗う。
2. こんにゃくは約0.8㎜厚さに切り、たづなにし、さっとゆでる。
3. 水と調味料を煮立て、甘エビを入れ、強火で約3分煮て、とり出す。
4. 甘エビの煮汁でこんにゃくを煮て添える。

撮影／長野陽一

＜材料＞ 4人分

大根…600g
アミ（生）*…100g
青ねぎ…30g
だし汁（昆布とかつお節）…2カップ
酒…大さじ1
醤油…大さじ1
みりん…大さじ1

*アキアミなどの小エビ。生が入手できないときは干しアミ30gでもよい。

＜つくり方＞

1 大根は皮をむき、約2㎝の輪切りまたは角切りにし、下ゆでしておく。
2 下ゆでした大根をだし汁に入れ、酒、醤油、みりんを加え煮汁が少し残るまで煮含めてから、アミを加えてひと煮立ちさせる。
3 仕上げに食べやすい長さに切った青ねぎを加えてひと混ぜし、青みのきれいなうちに盛りつける。

あみ大根

〈岡山県〉

冬に出回るあみと大根を組み合わせた県南のおかずで、あみのだしで冬の大根の甘さが引き立つ炊き合わせです。あみは安価ですがいい味が出るし、つくるのは簡単で冷めても味が変わらないので、家庭から飲食店のランチの一品や突き出しにまで重宝されています。

あみは新鮮なものは透明ですが、傷みやすく、冬でもとれた日の夕方には鮮度が落ちて白っぽくなります。そうなる前に生のまま塩漬けにして酒の肴などで食べたりもします。あみだけを薄めの甘辛味で煮ることもあります。その場合は、水は加えずあみだけを鍋に入れて加熱し、少し水分が飛んだら調味料を加えてさっと煮あげます。数分でできあがるので、もう一品ほしいというときに便利です。

若い人はあみ大根よりもお好み焼きに入れたりかき揚げにする方を好むようです。冬の終わりごろになると、あみはかたくなり、長く煮ると今度はスカスカになってしまうので、焼いたり揚げたりする食べ方も理にかなっています。

協力＝片山由子、武鑓純子、竹内ひとみ
著作委員＝青木三恵子

〈広島県〉

えび味噌

県東部の備後《びんご》地域の瀬戸内海側で食べられている、生きのよい新鮮なじゃこえび（小えび）でつくるおかず味噌です。昔からつくられてきた夏の保存食で、甘めの味噌とぷりっとしたえびが相性抜群。ご飯にかけると食が進むので、夏バテなどで食が細くなったときに重宝してきました。

福山から尾道沖は小型底引き網漁がさかんで、6～8月にはとらえび、さるえびなどの小えびが、たい、ひらめに混ざってたくさん水揚げされます。スーパーや道の駅、漁協の朝市などで売られているので、キロ単位で買ってつくり、近所に配ることもあるそうです。

ご飯にのせる以外にも、えび味噌を湯に溶いて即席の味噌汁をつくると風味豊かで、蒸しなすにかけるとやわらかな照りとえびの赤色が美しい田楽になります。みじん切りにしてゆでたにんじん、椎茸、ごぼうと合わせて五目味噌をつくったりもするそうです。とり除いた頭や尾も捨てずにだしをとるなど無駄がない、庶民のおかずです。

協力＝岡田幾香、河野早苗、森川晶子
著作委員＝木村安美

撮影／高木あつ子

＜材料＞4人分

ジャコエビ（殻つき）…60g
味噌…大さじ2
みりん…大さじ1
酒…大さじ1
砂糖…小さじ1（甘いのが好きな人は小さじ2）

ジャコエビ。小エビの総称で、トラエビ、サルエビをさす

＜つくり方＞

1 ジャコエビを洗い、頭と尾をとる。殻はやわらかいのでとらなくてよい。
2 1をフライパンでから炒りする。
3 エビの殻が赤くなったら味噌、みりん、酒、砂糖を加え、水分がなくなるまで煮る。

◎日持ちは冷蔵庫で2週間ほど。
◎頭と尾は、焼いてそうめんのつけ汁のだしにしたり、水から煮て味噌汁のだしにするとよい。

撮影／高木あつ子

＜材料＞ つくりやすい分量

小エビ…100g
ごぼう…中1/2本（50g）
にんじん…中1/3本（30g）
小ねぎ…1本（10g）
┌酒…1/2カップ
└水…大さじ1
味噌…75g
砂糖…大さじ1と1/2

＜つくり方＞

1 小エビは洗い、頭と尻尾を除く。頭と尻尾はとっておく。
2 ごぼうはささがき、にんじんは小さめの短冊切り、小ねぎは小口切りにする。
3 1の小エビの頭と尻尾に酒と水を加えて沸騰させ、だしをとる。
4 鍋に2を入れてから炒りし、しんなりしたら小エビを入れ、さらにから炒りする。
5 4の小エビが赤くなったら、3のだしと味噌、砂糖で味をつけ、汁けがなくなるまで煮る。小ねぎを入れて火を止める。

トラエビ。新鮮な小エビは、地元のスーパーや魚屋でも手に入る

〈香川県〉

えび味噌

頭と尻尾を除いた小えびを酒やみりん、野菜も入れて炒り煮にし、そこにえびの頭と尻尾でとっただしを入れて味噌で味つけし、佃煮風に仕上げた保存食です。

瀬戸内海に面した香川県では、さるえび、とらえび、あかえびなど10cm前後までにしか成長しない小えびが一年中とれます。小えびは、15cm以上に成長する車えびに比べると安価で庶民的なので地元でよく利用されており、佃煮以外にも塩ゆで、かき揚げ、すし種、干しむきえび、えびせんべいなどさまざまな料理に使われます。

この料理は、とり除いた小えびの頭と尻尾からとっただしを有効に使い、小えびを殻ごと食べるという、えびを全く無駄にしない食べ方です。ご飯によく合う日常のおかずですが、新鮮な小えびが手に入らないとつくれません。丸亀市広島で聞き取りした方のおばあさんの得意料理で、歳を重ねるとともにご飯と一緒にもう一度食べたいと思うようになり、今もつくっているそうです。

協力＝新田雅子、三野道子、曽我千穂子、中條従子　著作委員＝次田一代

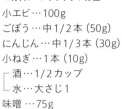

〈愛媛県〉

えびてん

えびてんは、えびじゃこと呼ばれる小えびを殻ごと使い、よく水をきった豆腐と調味料を加えてすり身にして油で揚げます。昔はすり鉢ですっていましたが、今はフードプロセッサーを使うので簡単で、おいしく栄養豊富な一品です。小えびのほかに、はぜやたちうお、たらなどの魚のすり身を加えることもあります。豆腐が入るので、雑《じゃ》魚《こ》のすり身を揚げたじゃこてんよりもふわふわしているのですが、えびの殻のジャリジャリした食感も残っており、かみしめると口の中に旨みが広がります。また、切り口がほんのり桜色で美しく、日常食にも祝いごとにも供されます。

新居浜《にいはま》市は県北東部に位置し、瀬戸内海に面しているため古くから漁業もさかんで、芝えびやぱちえび（おにてっぽうえび）などの小えびは、新居浜市沖の燧灘《ひうちなだ》一円で多く水揚げされてきました。えびてんをつくるのはおもに夏。6～7月にとれる芝えびは色がよくえびてんに一番適しており、8月になるとぱちえびが使われます。

協力＝藤田真美
著作委員＝皆川勝子

撮影／五十嵐公

＜材料＞ 16個分

豆腐…1丁（水分をしぼって235g）
小エビ（シバエビなど）…400g（頭・背ワタ・尾を除いて200g）
A ┌酒…大さじ2
 │かたくり粉…大さじ1/2（5g）
 │砂糖…小さじ1
 └塩…小さじ1/2（3g）
揚げ油…適量

◎あればAにスキムミルク（大さじ3）を加えてもよい。コクが増しておいしくなる。

＜つくり方＞

1 豆腐はさっと湯に通し、布巾で包んでかたくしぼり、すり鉢でする。
2 小エビの頭、背ワタ、尾を除き、殻つきのままフードプロセッサーにかける。
3 1、2を混ぜ合わせ、Aを加えて再びフードプロセッサーにかける。粘りが出るまでよく混ぜる。豆腐のつぶつぶが多少残っても味には影響ない。
4 3を厚さ5㎜、直径5～6㎝、1個約30gの円形にし、160℃の油で揚げる。手に油を少々ぬっておくと作業がしやすい。

シバエビ

撮影／長野陽一

＜材料＞4人分

小エビ（殻つき）…300g
酒…1/4カップ
醤油…大さじ1弱（13mℓ）
砂糖…大さじ3弱（25g）

＜つくり方＞

1 エビは2〜3回水洗いをしてザルにあげる。
2 鍋に酒を入れて強火にかけ、沸騰したら醤油、砂糖を加え、1のエビを殻つきのまま入れ強火で煮る。
3 殻が赤くなり、身がプリっとふくれたら火を止め、器に盛る。

小エビは殻もやわらかいので丸ごと食べられる

〈福岡県〉

えびざっこ

新鮮な小えびを殻つきのまま、甘醤油でさっと煮た料理です。殻がやわらかく丸ごと食べられるうえ、煮汁にはえびのうま味が凝縮しているので、そうめんのつけ汁にしたり、ゆでたそうめんを入れてひと煮して食べたりします。暑い夏に手早く調理できるので、「そうめんといえば、えびざっこ」と、現在も家庭でよく食べられています。

地元では小えび自体も「ざっこえび」や「えびざっこ」といいます。小えびがとれるのは、県東部に広がる豊前海《ぶぜんかい》です。福岡県は玄界灘、周防灘《すおうなだ》、有明海に接し、福岡県東部から大分県北部にかけての周防灘は、豊前海と呼ばれています。日本三大干潟のひとつで、遠浅で広大な干潟が現れる海には芝えびによく似た小えびが多く生息し、6〜8月に水揚げされます。

値段も安く、軽く小麦粉をつけてから揚げにしたり、衣をつけて天ぷらにしてもおいしく、来客時にはこのえびさえ手に入れば、簡単に地元の旬のごちそうをふるまうことができます。

協力＝萩原郁子、筒井恵子
著作委員＝大仁田あずさ

かにの酢の物

〈石川県〉

石川ではずわいがにのメスは「香箱《こうばこ》がに」と呼びます。オスのずわいがにに比べると小さいですが、身だけでなくお腹にかかえた外子《そとこ》（卵）や甲羅の中から出てくる内子《うちこ》（卵巣）やかにみそもおいしく、オスよりも人気があります。食べ方はシンプルで、ゆでて酢醤油をつけていただきます。かにそのものの旨みが濃いので、この食べ方が一番おいしいのです。

香箱がには昔は庶民的なものでした。冬になるとたくさんの香箱がにを浜から売りにくるので、それを買って鍋いっぱいゆでては家族みんなが手づかみでむしって食べておやつにしていました。今ではすっかり高価になってしまい、とてもおやつ代わりというわけにはいきません。

資源保護のために、漁期は11月の初めから年末までという、ごく短い期間に設定されています。解禁日は必ずニュースにとり上げられて、冬の訪れを告げる風物詩のようになっています。

著作委員＝新澤祥惠、川村昭子、中村喜代美

撮影／長野陽一

＜材料＞ 4人分

香箱ガニ…4尾（700g）（またはズワイガニ1尾500g）
二杯酢
- 酢…大さじ2
- 醤油…大さじ1
- だし汁（昆布とかつお節）…大さじ2

＜つくり方＞

1. カニはたっぷりの湯に塩（湯の2〜3%）を加え、甲羅を下にして15〜20分ゆでる。とり出して冷ます。
2. カニをさばく。甲羅の裏の外子をはずす。
3. 脚を5本まとめて内側に折ってはずす。反対の脚も同様にまとめてはずす。
4. エラをとり、内子を甲羅からはずす。
5. 脚は縦割りにし、胴の内側の身のあるところも半分に割っておく。
6. 外子、内子、カニみそは甲羅に入れ、身の入った脚や胴と盛りつけ、酢と醤油とだし汁を合わせた二杯酢を添える。

◎ズワイガニの場合は25〜30分、大きくなればそれ以上ゆでる。

香箱ガニ（メス）

ズワイガニ（オス）

カニのさばき方

脚の身がたっぷりつまったオスのズワイガニと、
卵巣やカニみそがおいしいメスのセコガニ（香箱ガニ、
コッペなどともいう）のさばき方です。

写真／高木あつ子、長野陽一（右上のズワイガニ）　協力／小柴勝昭（兵庫県）

《 ズワイガニ（ゆで）》

さばき方

①腹を割り、脚をつかんで甲羅から離す。

→

②腹の内側についているエラ（ガニ）はむしってはずす。

→

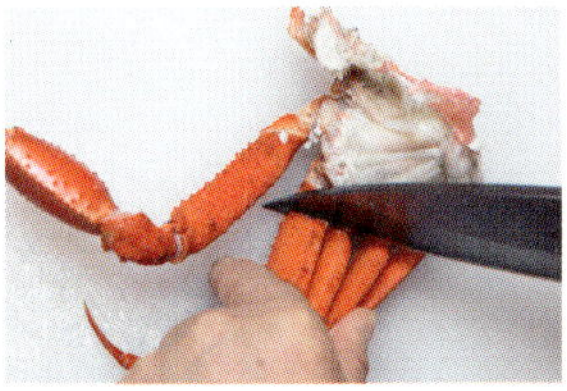

③脚は関節をよけてカットする。

食べ方 1

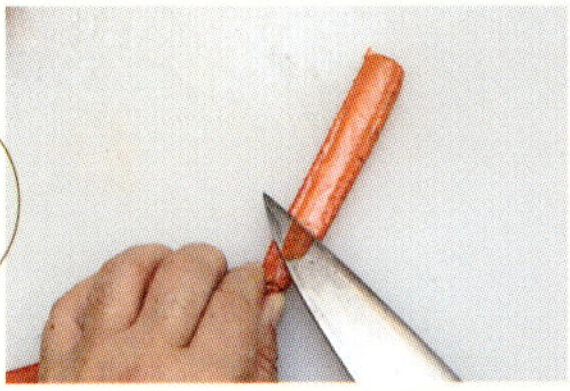

その1 殻ごとそぎ切りにすると身をとりやすい。

食べ方 2

その2 先の細い脚を使って押し出す。

食べ方 3

その3 関節をよけてカットし、トントンたたくと身が出てくる。

《 セコガニ（生）》

さばき方

①外子（卵）を殻ごとはがす。

→

②腹を割り、大まかに分割したところ。エラ（ガニ）はとる。

→

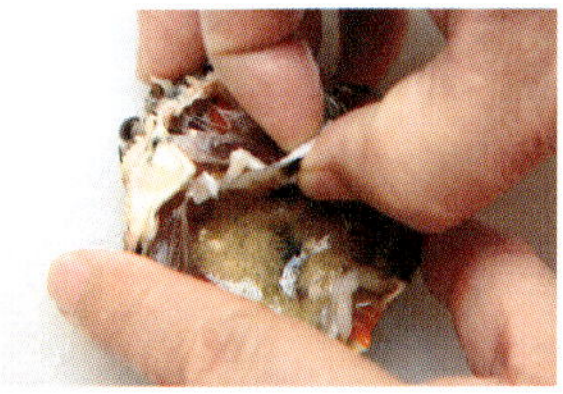

③甲羅の内側の口と砂袋を折ってとる。

④カニみそと内子（卵巣）が見える。

→

⑤外子は殻からはずす。

＊ここでは炊きこみご飯に入れるため、生でさばいているが、ゆでたセコガニのさばき方も同じ。

「伝え継ぐ 日本の家庭料理」 **読み方案内**

季節の魚を丸ごと残さず おいしい食べ方の宝庫

本書に掲載された魚のおかず88品を比較してみると、食材の使い方や調理法に、その料理ならではの特徴や地域特性が見えてきます。レシピを読んで、つくって、食べるときに注目すると面白い、そんな視点を紹介します。

●魚のおかずは季節の味

本書「魚のおかず　いわし・さばなど」を通読してみると、改めて、魚介には旬があり、海の恵みを季節ごとに楽しんできたことがわかります。

富山や岡山の海沿いでは、小いかのほたるいか（p94）やべいか（p96）が春の訪れを告げます。一方、海のない群馬では、初夏の季節限定のごちそうとして行商が売りに来るかつおのなまり節が楽しみで（p40）、秋になれば、夕暮れどきにはどこからともなくいかと里芋を煮る匂いが漂ってきたといいます（p92）。

大阪の正月にはぶりの照り焼きや塩焼きが欠かせません（p38）し、「生で食べる背黒いわしは節分まで」という千葉のごま漬け（p6）も、魚のおいしい食べ方と季節の移り変わりが密接に結びついていたことを物語っています。

●旬の食材、地域の産物との出会い

季節感とともに地域性のある魚介のおかずは、季節ならでは、地域ならではの食材・調味料との出会いによって個性を光らせます。

京都では、春の「であいもん」としてかつおの生節と淡竹、ふきを組み合わせて（p43）、高知ではかつおには生にんにくのスライス（p46）、夏の新子にはぶしゅかん（p48）、魚によっては葉にんにく入りの酢味噌を合わせます（p39）。

風味の強いぬか漬けや酢をきかせた魚料理にさっぱりした大根を組み合わせる例が多くみられます（p10、12、18、19、99）。大根のおろし方も「千枚おろし」「たかおろし」「鬼おろし」といった道具と結びつき、こだわりがあります。福井の谷田部《やたべ》ねぎとさばのぬたには辛子をきかせて（p27）地元ならではの味わいを生み出します。それぞれの組み合わせには、魚介の旨みで季節の野菜をたっぷり食べたり、また地域の産物を薬味として魚介の味を引き立てたりする工夫が見てとれます。

●鮮度がいいからシンプルに食べる

刺身にしたり、さっと塩ゆでしたり、鮮度のよさを堪能するレシピも紹介されています。広島では小さいかたくちいわしの刺身は何度も洗うことで臭みがとれおいしくなるといい（p16）、千葉では、かたくちいわしのごま漬けは脂がのってくると臭みが出ることがあるので小さいものがよいとされます（p6）。

石川のいわしの塩煎り（p9）は塩ゆでして煎りつけることで余分な脂が落ち、一人で8〜9尾も食べたそうで、鹿児島では、きびなごは刺身だけでなく、塩ゆでならホクホクであっさりしていくらでも食べられるといいます（p84）。島根と鹿児島で紹介されているとびうおも、滑空するために内臓や脂身が少ないのであっさりした味わいが特徴で、それを刺身で食べたりすり身にしたりと多様に利用されています（p60、62）（写真①）。「脂がのったおいしさ」とは対照的な、淡泊な魚そのものの味を楽しむ嗜好にも広がりがあるようです。

●旬の魚を上手に食べつくす工夫

「たくさんとれた魚をバケツでもらった」と

①

島根のとびうおのでんぶ（レシピ掲載なし）。昔から、脂の少ない小さいものでつくるのが上物とされてきた。（協力・宮本美保子、高麗優子、幡垣八千代、中島春美／著作委員・藤江未沙）（撮影／高木あつ子）

いう話が各地で語られています。旬にたくさんとれる魚介は、その時期ならではの楽しみとしてたっぷり食べます。そして、日持ちをよくするために加熱したり、塩漬け、ぬか漬け、干物などにして長く味わいます。

焼いたり揚げたりした小魚を酢醤油や三杯酢に漬ける食べ方が、香川のあじ（p24）、岡山のままかり（p70）、愛媛の小魚（p77）、福岡のえつ（p71）で紹介されています。酸性の酢に漬けることで骨の成分であるリン酸カルシウムが変化してやわらかくなり、小骨の多い魚でも丸ごとおいしくいただけます。

長期間の発酵熟成を経る魚介の漬物としては、いわしやさばでつくる「へしこ」と呼ばれる魚のぬか漬けがあります（p14、28）。また、三重の「一匹なりの塩辛」（p74）は、名付けからしてごちそう感があるものです。茨城のごさい漬け（p58）は、いわしやさんまを大根とともに漬ける漬物で、秋に漬けて正月のごちそうにするとあります。岩手のかどのすし漬け（p63）は、生にしんの麹漬けを10月終わりにつくり、真冬に「食べ頃」を迎え、春まで楽しむ料理です。秋の台所仕事として魚を塩漬けにし、冬から春にかけて発酵具合の異なる食べ頃を楽しむということにも、恒例の年間行事としての意味を感じます。

●保存食を利用した新たなおいしさ

塩漬けの魚介や、長期保存するための塩蔵品を、塩味の調味料として、またうま味を加える食材として活用したレシピも多くみられました（写真②）。

ゆでたいかを塩漬けにした「塩いか」は、そのほとんどが海なし県の長野と岐阜で消費されます。さまざまな食べ方がある中できゅうりの粕もみ（p91）が紹介されています。生とも煮物とも異なる独特の食感とはどんなものでしょうか（写真③）。

広島の世羅町など山間部に伝わる小いわしと野菜の保存食「いわし漬け」で味つけする鍋（レシピ掲載なし）。塩辛さを利用して、野菜や豆腐などと一緒に煮る。（協力・宮本真弓／著作委員・高橋知佐子、近藤寛子）（撮影／高木あつ子）

岐阜の飛騨地域で食べられている塩いかの酢の物（レシピ掲載なし）。いかの塩抜き加減が味の決め手。（協力・水口裕子／著作委員・長屋郁子）（撮影／長野陽一）

ぬか漬けのこんかいわしはペースト状にしたり（p10）、鍋に入れたり（p12）します。いかの塩辛を野菜と炊き合わせる貝焼き（p93）も食欲をそそります。いずれも鮮度を味わうおいしさと対極にある、時間と気候・風土が生み出す発酵によるおいしさがあります。

また、干物の利用では、身欠きにしんは北海道から北前船で運ばれた地域にみられ、山椒漬け（p64、65）、甘辛煮（p66）、そして季節野菜のなすやじゃがいもと炊き合わせる煮物（p67、68）がありました。かつては乾燥した「本乾《ほんかん》」を米のとぎ汁で一日かけて戻すのが当たり前でしたが、今は半生のソフトタイプを使う人が増えているそうです。本乾とソフトタイプでは水分含有量や乾燥時間が異なるため、うま味成分や脂の状態も違います。本乾を米のとぎ汁で戻すのは、酸化した脂をよく落とすことで渋みを抑える役目があるようです。それぞれの特徴を知り、適切な使い方ができるとよいでしょう。

一夜干しのするめいかや、かたいするめを野菜の塩漬けとともに漬け込む鳥取の麹漬け（p97）は、保存食同士の合わせ技で独特のおいしさが生まれます。また、香川のいかなごの天ぷら（p76）のように、やわらかな身質の小魚は、一夜干しにすることで脱水し、扱いやすくなると同時に、余分な水分が抜けて身の旨みが凝縮します。海から遠い宮崎の内陸部では、いろいろな魚の干物を天ぷら（p81）や煮物に利用するとあり、さまざまな工夫とともに魚のおかずを食べていたことがわかります。水分を抜いて旨みを凝縮するという点では、昆布じめ（p50）も共通する調理法です。富山ならではの羅臼昆布の昆布じめは、ねっとりとしまった刺身に昆布のうま味が加わって格別の味わいとなります。

●魚のすべてを食べつくす工夫

捨てるほどとれたといわれることもある、さばのような大衆魚（p27）であっても、実際は大事に食べつくしていました。

刺身にした後、切り落としや中落ちについた身でつくったのが始まりという大分のりゅうきゅう（p79）には、その地で好まれる甘い醤油が欠かせません。千葉のあじの煮つけ（p21）では、残った頭と骨に熱湯をかけて即席の汁にして食べたとあります。魚を骨まで味わいつくすことが当たり前だった時代の空気を感じさせます。

いかを肝と墨ごと煮る山形の夏いかのくるみ和え（p89）は、肝と身の割合が大切で、丁度よい夏の一時期を狙ってつくるといいます。時候をにらみ、一番おいしいときにつくる。魚食を愛する日本人の「食いしん坊」気質を感じます。

かつおの心臓だけを集めて煮るへその味噌煮（p42）は、静岡のレシピです。高知や鹿児島、和歌山でも心臓料理はあり、かつおの産地ならではの家庭料理といえるでしょう。かつおの頭を豪快に焼いた鹿児島のびんた料理（p49）は、髄まで残さず食べるといいます。

●たたきとすり身の利用

小骨の多い魚は包丁でたたいてすり鉢でよくすって加工するすり身料理に向きます。かつて日本の台所には、すり鉢とすりこぎが欠かせませんでした（写真④）。今はフードプロセッサーに置き換わった家庭も多いでしょう。

さんまのぽうぽう焼き（p56）とぱいた焼き（p57）は、隣接する福島と茨城にあるさんまのたたき料理で、漁の合間に手早くつくる漁師料理が家庭料理として定着した例です。静岡の黒はんぺんを入れたおでん（p73）は、魚の練り製品の利用です。甘さが特徴の宮崎の飫肥《おび》のてんぷら（p80）、いわしやあじのすり身に野菜を混ぜて揚げる長崎のてんぷら（p82）のような利用の仕方もあります（写真⑤）。青森のいかめんち（p88）は、もともとげそだけを集めてつくる料理で、余り物というよりも、部位ごとに、一番おいしく食べる方法を知っているということでしょう。

宮崎の飫肥のてんぷら（p80）。2人で向き合ってすり鉢を押さえ、すりこぎが入れ違いになるように息を合わせてすった。（撮影／高木あつ子）

愛媛のすり身コロッケ（レシピ掲載なし）。小魚のすり身にじゃがいも、玉ねぎを混ぜ、卵、かたくり粉でつなぐ。塩、黒こしょう、砂糖で調味し、直接パン粉をつけて揚げる。（協力・伊藤悦子／著作委員・亀岡恵子）（撮影／五十嵐公）

●魚介をおいしくする名脇役

魚のおかずのおいしさは、魚介に組み合わせる相性のよい副材料に支えられています。先に紹介した大根やねぎとの組み合わせは、その季節にあるもの同士でおいしさをつくる工夫です。他にも豆腐の副産物であるきらず（おから）を組み合わせることで、きらすまめし（p25）は栄養的にも優れた一皿になっています。魚のにおい消しと風味を付与するものとしては、酒粕を入れるかぶし（p10）、べか鍋（p12）、いわしだんご（p13）、甘酒を混ぜるどぼ漬け（p10）、すりごまをたっぷり加えるさばのごま醤油（p33）などがあります。いわしのぬかみそ炊き（p17）に加えるぬか床は、福岡の家庭に代々受け継がれる家宝だそうで、ぬか床を煮てそのまま食べることで、風味の点だけでなく栄養価を高める役割もあったのではないかと思います。ぬか床に入れる実山椒を毎年ザルに山盛りで買うといい、ぬか床からさわやかな芳香が漂ってきそうです。

●地域で愛される魚たち

地域ならではの魚介類を、人びとが楽しみにして食べている様子も伝わってきます。

岡山では春のさわらが海で群れる様子を「魚島《うおじま》」と呼び、「魚島しよう」と集まってさわら料理を楽しむ（p51、52）などこの地方の人にとってさわらがいかに大事な魚であるかがわかります。たこのやわらか煮（p100）は、美しい小豆色に炊きあがった写真を見て、さぞ、やわらかなのだろうと想像します。瀬戸内では、えび味噌（p110、111）、えびてん（p112）、えびざっこ（p113）があり、初夏から盛夏にかけてえびの種類が移り変わります。そして、冬にはあみを利用したあみ大根（p109）まで、地域ごとに小えび類が親しまれています。

静岡の桜えび（p105、106）、富山の白えび（p107）も忘れてはなりません。期間限定のとれたての小えび類は、鮮度のよい現地ならではのおいしさでしょう。石川では、ずわいがにのメスの「香箱《こうばこ》がに」は食卓に上る回数も多く、家庭の味だったといいます（p114）。

黒潮にのって北上するかつおは、鹿児島、高知、徳島、和歌山、静岡、神奈川などの家庭料理として定着しています（写真⑥）。かつおの仲間でも脂が多めのヒラソウダはしか煮（p41）のような煮物にし、脂が少なめでうま味の強いマルソウダは塩漬けや宗田節にするという使い分けもされています。

●共通する食べ方

地理的に離れた地で、同じような料理があるのも面白いことです。

里芋とたこの組み合わせは、石川では能登の夏祭りに欠かせないごちそうとして（p102）、香川では冬を代表する食材の飯《いい》だこを使った煮物（p103）にします。魚を野菜と一緒にすき焼き風に煮る食べ方は、三重のじふ（p75）、島根のさばの煮ぐい（p30）、兵庫のさばやかつおのじゃう（p32）と各地にあります。いずれも醤油と砂糖で甘辛く味をつけて、ご飯が進むおかずです（写真⑦）。

⑥ かつおをさばく。胸ビレあたりにあるかたいウロコをそぎとるようにしながら頭を落とす。静岡にて。（協力・飯田功）（撮影／五十嵐公）

●行事に欠かせない魚介料理

季節ごとの行事食としての魚介料理もたくさんあります。

一年の真ん中、半夏生に食べる福井の浜焼きさば（p34）は、夏祭りにも秋祭りにも欠かせないといいます。千葉では月1回の十五夜の伊勢講にはいわしの卵の花漬け（p8）、石川では夏祭りのごちそうとしてなれずし（p23）、神奈川のさばの味噌煮（p26）は、2月の初午に行われる稲荷講の直会で出す行事食です。ぶり大根（p36）で知られる富山では、「嫁ぶり」「ぶり歳暮」といって、嫁いだ最初の年末の年取り魚として嫁ぎ先にぶり一本を贈る風習があります。山口では、農繁期前の休日に遊びにでる料理として、変わった形の昆布巻きのほおかぶり（p78）がつくられます。

＊　＊　＊

小魚を手開きしたり、姿の魚をさばいてアラまで利用したり、かつては一尾丸ごとを利用するのが当たり前でした。魚のおいしさを丸ごと堪能する知恵の宝庫として、また、暦を生活の中に取り戻すきっかけとして、本書を活用していただけたらと思います。（福留奈美）

⑦ 三重のじふ（p75）はすき焼きのように溶き卵につけて食べることもある。（撮影／長野陽一）

調理科学の目 1

魚をどう食べてきたか ～大衆魚・赤身魚を中心に

大越ひろ（日本女子大学名誉教授）

たくさんとれるために安価で、しかもおいしく、ひんぱんに利用される魚は大衆魚と呼ばれました。その代表的なものがあじ、さば、いわしやさんまなどです。しかし、近年は海流の変化や各国のとり合いで、これらの魚の日本近海での漁獲量は減少する傾向にあります。

本書では、これらの大衆魚やかつお、ぶりなど、日本の周辺を回遊していて比較的広域で利用されてきた魚の料理をまとめています。

●赤身魚と白身魚

本書でとりあげる魚の多くは赤身魚といわれます。海を回遊している魚は運動量が多く、大量の酸素を消費します。そのため体内で酸素を運搬するヘモグロビンという血液色素たんぱく質や、筋肉に酸素を供給するミオグロビンという筋肉色素たんぱく質が多く含まれます。それが身（肉）の色を赤くしているのです。色素たんぱく質の量が１００g当たり10㎎以上のものを赤身魚、それ以下のものを白身魚と呼んでいます。赤身魚の肉質は生ではやわらかく、加熱すると身がかたくなります。

白身魚は比較的狭い範囲で生息して運動量がそれほど多くない魚が主で、ヘモグロビンやミオグロビンが少なく身の色が白くなっています。白身魚は生では身が締まっていますが、加熱するとほぐれやすくやわらかくなります。なお、さけの身が赤いのはエサとなるえびやかになどに赤い色素のアスタキサンチンが多いためで、赤身魚には分類されません。

●大衆魚の消費にも地域差が

あじ、さば、いわしとさんまの消費について、家計調査年報から食費、ことに魚類について、鈴木ら（※1）が白地図上にマッピングしたものを参考に、総理府統計局（当時）が公表したものを用いて作図しました。図1は世帯当たりの購入金額を示したデータです。ここには、本書の料理を聞き書きした年代に近い状況を知るために１９６３年のものを示しましたが、２０１６年のデータでもほぼ同様の傾向を示しています。

あじ、さばは暖流系の魚です。あじは佐賀や福岡、長崎などで漁獲量が多く、消費も九州や西日本で多くなっていますが、神奈川や千葉などでも水揚げされ、消費されています。さばの水揚げが多いのは北海道や千葉、鳥取などで、消費はあじ同様、九州や西日本が中心となっています（なお、県ごとの漁獲量は非常に変動

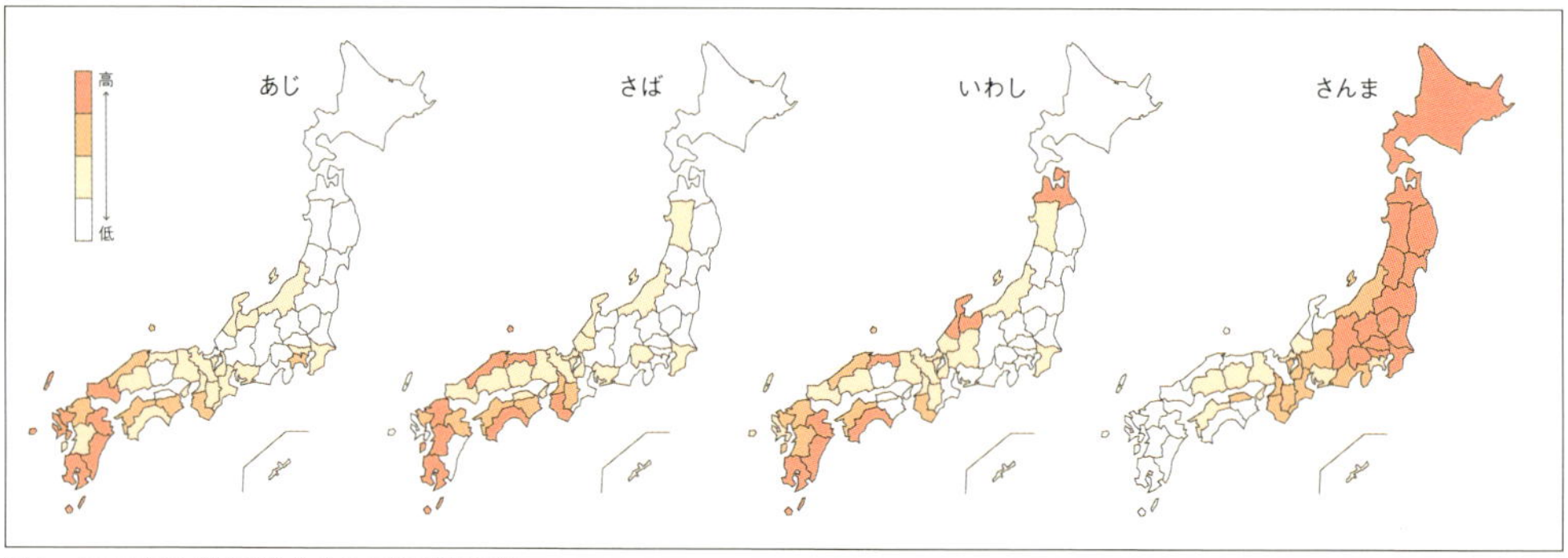

図1　1963年の世帯当たりの魚の年間購入額

が大きく、ここでは1963～78年のデータ分析に基づいている。以下も同)。

いわしも暖流系の魚ですが、漁場は北海道から三重に至る太平洋岸と、長崎から福井に至る日本海岸に広く分布しています。しかし、最大の漁場である北海道の消費が少なく、九州や西日本の消費が多くなっています。これは、北海道におけるいわしの漁期が7月から10月で、さんまの漁期とほぼ一致しているために、水揚げされたいわしの多くは丸干しや缶詰などの加工用に回されるためです(※1)。

一方、さんまはあじ、さば、いわしとまったく逆のパターンを示し、北海道から東北、関東、長野などで消費が多く、九州では少なくなっています。水揚げ量が多いのは北海道と三陸地方です。南下したさんまは和歌山でも水揚げされ、適度に脂が抜けてさっぱりしているので、秋祭りや正月に欠かせない「なれずし」や「さいらずし」に向くとされています(本シリーズ「すし」p108～110)。

●焼いておいしい魚とは

本書にはほかに、にしん、ぶり、かつお、とびうおなども登場します。魚料理の特徴についてまとめた研究を参考に、魚種に適した料理の方法について見てみます。高橋ら(※2)は料理関連の文献から魚料理約600種を抽出し、どのような料理法が用いられているか検討しました。魚を脂肪含量が少ない(4%以下)、中程度(4～8%)、多い(8%以上)の3つのグループに分類し、調理方法について分析しました。

図2に、脂肪含量別の調理法の出現率を示しました。本書で、脂肪含量の少ない魚に分類されるものは少なく、かつお、かじきなどです。調理法は平均して煮物が28・1%、焼き物が27・9%、生物《なまもの》料理が23・8%でほぼ等しく、調理法による偏りは見られませんでした。いずれの料理法でもおいしく食べられるということのようです。

一方、脂肪含量の多い魚種にはぶり、いわし、さば、さんまなどが入り、焼き物が42・8%を占め、次に煮物23・3%、生物は12・8%となっています。この数値は白身魚も入ったものですが、赤身魚に限定してもほぼ同様の値になっています。

焼き物が多いのは、脂の多い魚を直火で焼くと、適度に脂が落ち、表面が焦げて香気が生じ、旨みも凝縮されるのが大きな理由かと思われます。また、ぶりの照り焼き(p38)のように赤身魚は醤油やみりんに漬けて焼くことで、加熱による香気がついておいしいものです。煮物では、さばの味噌煮(p26)のようにやや濃いめの煮汁を用いて、調理時間もやや長めにすることで、魚臭が香気へと変化します。もちろん、さば、いわし、ぶりなどは、とくに秋口から冬にかけて脂のおいしさを味わうために生物料理としても登場します。

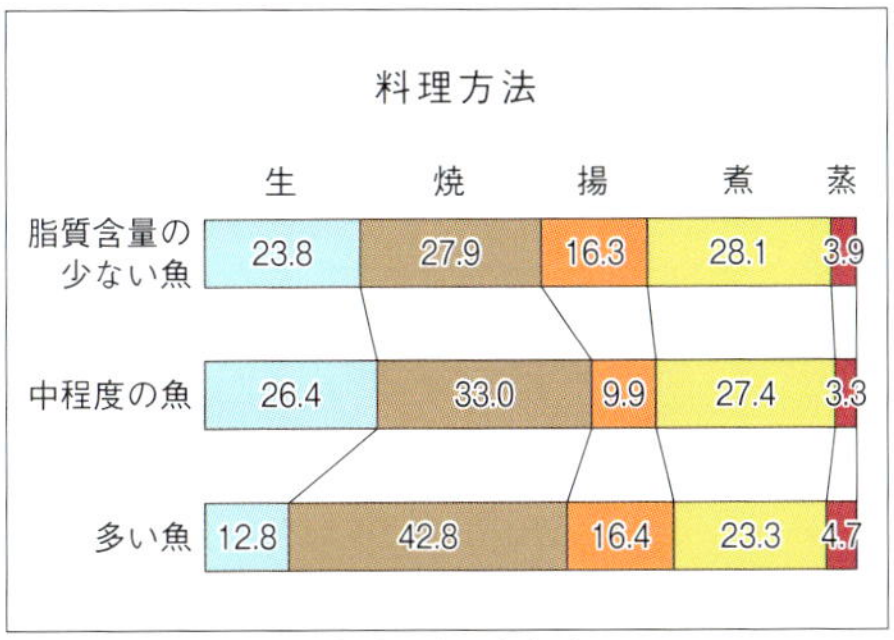

図2　雑誌にみる調理方法の出現率(%)
(参考文献【※2】より引用)

●魚臭さを消す効果的方法

臭みを消すコツとして、味噌を使う方法があります。味噌は発酵によって大豆のたんぱく質が微粒子(コロイド)に分解され、このコロイドが魚の臭気を吸着するのです。また、魚の消臭のため、ぬかに漬けたり、ぬかみそで煮る方法があります。これも味噌と同様に米ぬか成分の微粒子が魚の臭気を吸着するためです。また、ぬか床中の乳酸菌が生成する乳酸の作用で酸味が加わり、塩味もまろやかになります。いわしのぬかみそ炊き(p17)がその例です。

また、生物料理の毒消しとして用いられるわさびやしょうが、しそ、ねぎ、山椒などの薬味には、臭みを防ぐ役割もあります。悪臭成分をマスキングする作用(強い香り成分でにおい成分を覆い隠す)や消臭作用(においの成分を化学的に変化させる)、さらにはよい香りを加える賦香《ふこう》作用を持つことから、加熱する料理も含めた魚料理に広く利用されてきたのです。

以上のような調理法や薬味の工夫は、日本の魚食文化に広く共通する基本の食べ方といえそうです。

【※1】鈴木秀夫、久保幸夫著『日本の食生活』(朝倉書店)(1980年)
【※2】高橋美保ら「魚の種類と調理方法との関係」『調理科学』第21巻4号(1988年)

調理科学の目 2

イカの調理特性

松本美鈴（大妻女子大学教授）

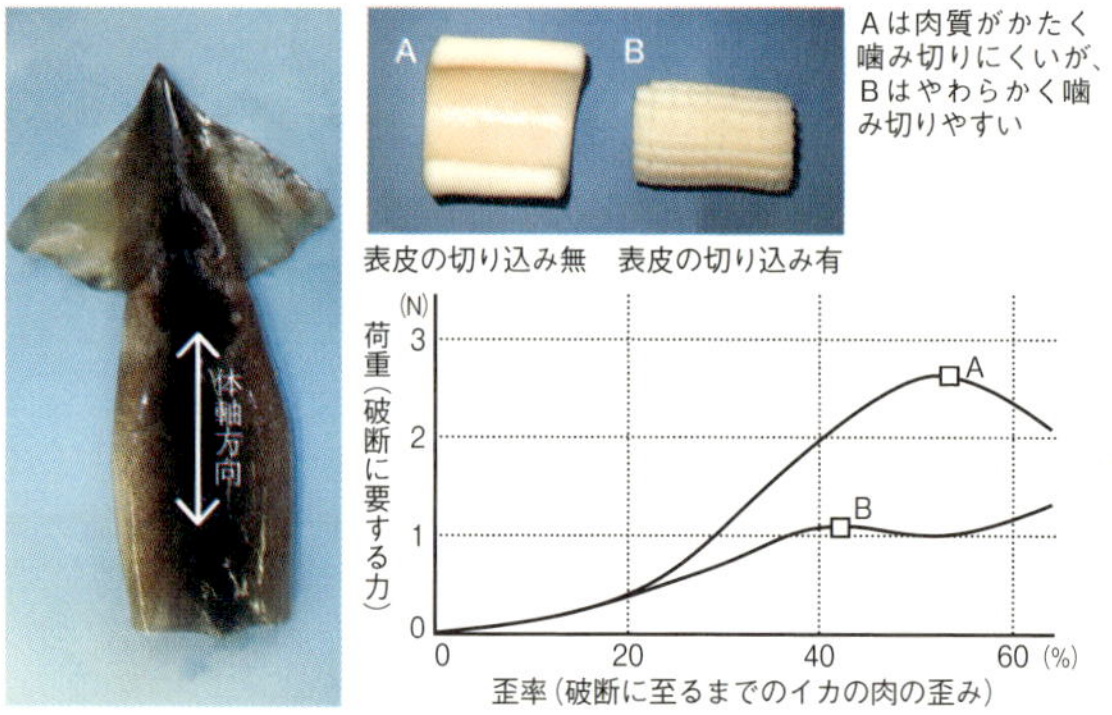

図　加熱イカ胴肉のかたさと表皮切り込みの効果

貝塚からコウイカなどの遺物が出土しており、日本人は縄文時代からイカを食用としてきました。日本近海はスルメイカの世界最大の漁場で、国内の漁獲量はイカの中でももっとも多く、日本人の食生活に欠かせません。スルメイカの英名がJapanese common squidのゆえんです。

イカの刺身のおいしさ

イカの刺身のおいしさはその食感と甘味です。体軸に対して直角に糸づくりにしたイカは種類により食感が異なります。スルメイカは肉質がかたく、ヤリイカは噛み切りやすく、アオリイカはねっとり感があります。

24時間冷蔵すると、筋肉に内在する酵素によってたんぱく質が分解されることで、呈味《ていみ》成分として重要な遊離アミノ酸量が増え、いずれのイカもやわらかく噛み切りやすく、ねっとり感が増します（※1）。味を比較すると、スルメイカはイカの甘味に寄与するグリシンベタインが多いのですが、不味《ふみ》成分であるヒポキサンチンや苦味のあるヒスチジンを多く含みます。一方、アオリイカは遊離アミノ酸量が多く、特にアミノ酸の中でも甘味のあるグリシンが多いので甘味が強く、グリシンは冷蔵によりさらに増えました（※2）。

イカ胴肉の構造と加熱変化

イカ胴肉（外套膜《がいとうまく》）のおおまかな構造は、輪ゴムのような環状の筋線維を積み重ねて筒状にし、それを強靭なコラーゲンの外皮（4層）と内皮（2層）ではさむように表皮で覆われています。加熱すると筋線維は体軸垂直方向に、表皮は体軸方向に収縮するので、イカは激しく脱水し、肉質がかたくなり噛み切りにくくなります。この現象を抑えるために、イカを煮る際は、火を通しすぎないように注意します。

胴肉を体軸方向に切り開いて加熱すると、外皮が最も強く収縮します。外皮4層をはいでしまうと、内皮が収縮します。胴肉を輪切りにしたり、色素を含む外皮1、2層を取り除いた外皮側から松笠や布目などの飾り切りをするのは、表皮コラーゲンを切断することで収縮を抑えやわらかく食べるための調理の工夫です（図）。

胴肉を加熱し、温度が80℃になるといったん肉質が硬化しますが、さらに加熱を続けると軟化します。肉質の硬化・軟化には表皮の強度が影響しますが、イカの種類により表皮の強度は異なります。生食が多いアオリイカの表皮は強靭で、加熱で肉質は著しくかたくなります。一方、ヤリイカは最も表皮がもろく、短時間の加熱で軟化し、歯切れがよくなります。スルメイカはヤリイカよりかたいですが、30分の加熱でヤリイカと同程度に軟化します（※3）。またスルメイカは、冷蔵によりグルタミン酸、イノシン酸、アデニル酸量が多くなり、うま味が増強されます。

イカ墨の利用

イカ墨は沖縄の墨汁や富山の塩辛などに利用されています。塩辛の白づくりは製造過程で腸内細菌由来の酵素が働き、グルタミン酸などの遊離アミノ酸が減りますが、墨を添加した黒づくりでは墨の抗菌性により遊離アミノ酸は変化せず、食用最適期間も延長されます（※4）。

【※1】香川実恵子他「3種のイカのテクスチャーの違いと貯蔵による変化」『日本家政学会誌』第51巻第8号（2000年）（英文）
【※2】香川実恵子他「3種のイカの呈味の違いと貯蔵変化」『日本家政学会誌』第50巻第12号（1999年）（英文）
【※3】香川実恵子他「3種のイカ肉の加熱によるテクスチャー変化」『日本家政学会誌』第51巻第11号（2000年）
【※4】山中英明「イカ墨，タコ墨の呈味成分と抗菌性」『伝統食品の研究』第20号（1999年）

都道府県別　掲載レシピ一覧

●1つが掲載レシピ1品を表します。

北海道
さんまの甘露煮…p55

青森県
いかめんち…p88

岩手県
かどのすし漬け…p63

宮城県
いかの切りこみ…p90

山形県
夏いかのくるみ和え…p89

福島県
さんまのぽうぽう焼き…p56
にしんの山椒漬け…p64

茨城県
ばいた焼き…p57
ござい漬け…p58
がりがりなます…p99

群馬県
なまりと野菜の煮つけ…p40
いかと里芋の煮つけ…p92

埼玉県
身欠きにしんの甘辛煮…p66

千葉県
ごま漬け…p6
いわしの卯の花漬け…p8
あじの煮つけ…p21

東京都
たたき揚げ…p22

神奈川県
さばの味噌煮…p26
しか煮…p41
このしろの甘露煮…p69

新潟県
にしんの山椒漬け…p65
貝焼き…p93

富山県
ぶり大根…p36
昆布じめ…p50
ほたるいかの酢味噌和え…p94
白えびのかき揚げ…p107

石川県
いわしの塩煎り…p9
かぶし…p10
べか鍋…p12
なれずし…p23
いもだこ…p102
甘えびの煮つけ…p108
かにの酢の物…p114

福井県
さばのぬた…p27
へしこ…p28
浜焼きさば…p34

長野県
塩いかときゅうりの粕もみ…p91

静岡県
へその味噌煮…p42
おでん…p73
沖あがり…p105
桜えびのかき揚げ…p106

三重県
一匹なりの塩辛…p74
じふ…p75

京都府
生節と淡竹、ふきの炊いたん…p43
にしんなす…p67

大阪府
ぶりの照り焼き…p38

兵庫県
さばのじゃう…p32
たこのやわらか煮…p100

奈良県
にしんとじゃがいもの煮物…p68

和歌山県
生節…p44

鳥取県
いわしだんご…p13
するめの麹漬け…p97

島根県
さばの煮ぐい…p30
とびうおの刺身…p60

岡山県
いわしのへしこ…p14
さわらの煮つけ…p51
さわらの真子の炊いたん…p52
焼きままかりの酢醤油漬け…p70
べいかの酢味噌かけ…p96
あみ大根…p109

広島県
小いわしの刺身…p16
えび味噌…p110

山口県
ほおかぶり…p78

徳島県
かつおの沖なます…p45

香川県
あじの三杯酢…p24
いかなごの天ぷら…p76
いもたこ…p103
えび味噌…p111

愛媛県
魚の三杯酢…p77
えびてん…p112

高知県
魚のぬた（ぶり）…p39
かつおのたたき…p46
新子の刺身…p48

福岡県
いわしのぬかみそ炊き…p17
さばのごま醤油…p33
えつの南蛮漬け…p71
えびざっこ…p113

佐賀県
いわしのかけ和え…p18

長崎県
かまぼこ…p82
てんぷら…p82

大分県
きらすまめし…p25
りゅうきゅう…p79

宮崎県
すのしゅい…p19
飫肥のてんぷら…p80
魚ん天ぷら…p81

鹿児島県
かつおのびんた料理…p49
とびうおの刺身…p62
きびなごの刺身…p84

※調味料、油、だし汁は含めない。項目、素材ごとに五十音順。

素材別索引

魚

魚加工品

イカ・イカ加工品

タコ・タコ加工品

エビ・カニ

卵

大豆加工品

野菜

本文中に掲載した協力者の方々以外にも、調査・取材・撮影等でお世話になった方々は各地にたくさんおいでです。ここにまとめて掲載し、お礼を申し上げます。（敬称略）

青森県
弘前地区生活改善グループ連絡協議会、中南地域県民局地域農林水産部農業普及振興室、笹森得子

福島県
新井興司、田中直子、渡辺君子、馬目セツ、馬目キヨ子

茨城県
高野千代子、深作加代子、山口雅子、薄井眞理子

群馬県
高岸裕代、田原知子

福井県
美浜町商工観光課、御食国若狭おばま食文化館（田中幸道）、JAたんなん女性部三代会、JA福井県五連

静岡県
服部一男、服部恵津子、小池恵子、八木久子、八木みち子、良知久代、由比港漁業協同組合

京都府
上辻豊栄、光島明美、皆川美代子

大阪府
狩野敦、倉田裕子、米澤美栄子、米澤朋子

和歌山県
西牟婁振興局・畑田京子、紀州日高漁業協同組合・志賀きよみ、山﨑美代子、上村順子、塩谷芳子、松村よう子

鳥取県
渡辺恵子、橋本君江、前嶋道子、井口松代

島根県
田子ヨシエ、服部やよ生、金高梅子、玉田みどり、大場郁子、島根県立大学（平成29年度学術研究特別助成金）

岡山県
瀧澤英子、原なほみ、原田貞子、岡田安子、吉岡順子、米山あや子、岡山市中央卸売市場・香山勝秀、鏡野町農村生活交流グループ

広島県
海田町食生活改善推進協議会、福山市食生活改善推進員協議会

香川県
安部昌明、上玉啓子、落亀美代子、香川昌代、次田隆志

愛媛県
伊藤典子、桑原紀子、福田順子、松木ワカ子

高知県
松﨑淳子、小松利子、岩目博子

宮崎県
西トミ、塚野米、北諸県農業改良普及センター（甲斐紀子、今東香、坂本美奈子）、JA都城・松留あけみ、日南市観光協会、川俣郁恵

鹿児島県
山崎喜久枝

「伝え継ぐ 日本の家庭料理」各都道府県著作委員会の著作委員一覧（2018年8月1日現在）

北海道　菅原久美子（札幌国際大学短期大学部）／坂本恵（札幌保健医療大学）／菊地和美（藤女子大学）／木下教子（北翔大学）／土屋律子（元北翔大学）／藤本真奈美（光塩学園女子短期大学）／村上知子（元北海道教育大学）／山口敦子（天使大学）／佐藤恵（光塩学園女子短期大学）／伊木亜子（函館短期大学）／畑井朝子（元函館短期大学）／宮崎早花（酪農学園大学）／田中ゆかり（光塩学園女子短期大学）

青森県　北山育子（東北女子短期大学）／安田智子（東北女子短期大学）／真野由紀子（東北女子短期大学）／熊谷貴子（青森県立保健大学）／今井美和子（東北栄養専門学校）／澤田千晴（東北女子短期大学）／下山春香（東北女子短期大学）

岩手県　髙橋秀子（修紅短期大学）／長坂慶子（岩手県立大学盛岡短期大学部）／魚住惠（元岩手県立大学盛岡短期大学部）／菅原悦子（岩手大学）／村元美代（盛岡大学）／渡邉美紀子（修紅短期大学）／冨岡佳奈絵（修紅短期大学）／佐藤佳織（修紅短期大学）／阿部真弓（修紅短期大学）／松本絵美（岩手県立大学盛岡短期大学部）／岩本佳恵（岩手県立大学盛岡短期大学部）

宮城県　高澤まき子（仙台白百合女子大学）／野田奈津実（尚絅学院大学）／和泉眞喜子（尚絅学院大学）／宮下ひろみ（東都医療大学）／濟渡久美（東北生活文化大学短期大学部）／矢島由佳（仙台白百合女子大学）

秋田県　高山裕子（聖霊女子短期大学）／熊谷昌則（秋田県総合食品研究センター）／長沼誠子（元秋田大学）／山田節子（聖霊女子短期大学）／三森一司（聖霊女子短期大学）／髙橋徹（秋田県総合食品研究センター）／逸見洋子（秋田大学）／大野智子（青森県立保健大学）

山形県　齋藤寛子（山形県立米沢栄養大学）／駒場千佳子（女子栄養大学）／宮地洋子（仙台青葉学院短期大学）／平尾和子（愛国学園短期大学）／佐藤恵美子（元新潟県立大学）

福島県　阿部優子（郡山女子大学短期大学部）／加藤雅子（郡山女子大学短期大学部）／會田久仁子（郡山女子大学短期大学部）／中村恵子（福島大学）／柳沼和子（郡山女子大学）／津田和加子（桜の聖母短期大学）／福永淑子（文教大学）

茨城県　渡辺敦子（茨城キリスト教大学）／荒田玲子（常磐大学）／吉田惠子（つくば国際大学）／石島恵美子（茨城大学）／飯村裕子（常磐大学）／野口元子

栃木県　名倉秀子（十文字学園女子大学）／藤田睦（佐野日本大学短期大学）

群馬県　綾部園子（高崎健康福祉大学）／堀口恵子（東京農業大学）／神戸美恵子（高崎健康福祉大学）／阿部雅子（東都医療大学）／高橋雅子（明和学園短期大学）／永井由美子（群馬調理師専門学校）／渡邉静（明和学園短期大学）

埼玉県　島田玲子（埼玉大学）／河村美穂（埼玉大学）／土屋京子（東京家政大学）／加藤和子（東京家政大学）／成田亮子（東京家政大学）／名倉秀子（十文字学園女子大学）／木村靖子（十文字学園女子大学）／駒場千佳子（女子栄養大学）／松田康子（女子栄養大学）

千葉県　渡邊智子（千葉県立保健医療大学）／徳山裕美（帝京短期大学）／柳沢幸江（和洋女子大学）／今井悦子（聖徳大学）／石井克枝（淑徳大学）／中路和子／梶谷節子／大竹由美

東京都　加藤和子（東京家政大学）／宇和川小百合（東京家政大学）／赤石記子（東京家政大学）／伊藤美穂（東京栄養食糧専門学校）／色川木綿子（東京家政大学）／大久保洋子（元実践女子大学）／香西みどり（お茶の水女子大学）／佐藤幸子（実践女子大学）／白尾美佳（実践女子大学）／成田亮子（東京家政大学）

神奈川県　櫻井美代子（東京家政学院大学）／大越ひろ（元日本女子大学）／増田真祐美（成立学園高等学校）／大迫早苗（相模女子大学）／酒井裕子（相模女子大学）／清絢／小川暁子（神奈川県農業技術センター）／河野一世（奈良食と農の魅力創造国際大学校）／津田淑江（元共立女子短期大学）

新潟県　佐藤恵美子（元新潟県立大学）／太田優子（新潟県立大学）／立山千草（新潟県立大学）／山口智子（新潟大学）／伊藤直子（新潟医療福祉大学）／玉木有子（大妻女子大学）／伊藤知子（新潟県栄養士会）／小谷スミ子（元新潟大学）／山田チヨ（新潟県栄養士会）／松田トミ子（新潟県栄養士会）／長谷川千賀子（悠久山栄養調理専門学校）／渡邊智子（千葉県立保健医療大学）

富山県　深井康子（富山短期大学）／守田律子（富山短期大学（非））／原田澄子（金沢学院短期大学）／稗苗智恵子（富山短期大学）／中根一恵（富山短期大学）

石川県　新澤祥惠（北陸学院大学短期大学部）／川村昭子（元金沢学院短期大学）／中村喜代美（北陸学院大学短期大学部（非））

福井県　佐藤真実（仁愛大学）／森恵見（仁愛女子短期大学）／谷洋子（元仁愛大学）／岸松静代（元仁愛女子短期大学）

山梨県　時友裕紀子（山梨大学）／柘植光代（日本大学短期大学部（非））／阿部芳子（元相模女子大学）／松本美鈴（大妻女子大学）／坂口奈央（山梨県立北杜高等学校）

長野県　中澤弥子（長野県立大学）／吉岡由美（長野県短期大学）／高崎禎子（信州大学）／小木曽加奈（長野県立大学）／小川晶子（長野県立大学）

岐阜県　堀光代（岐阜市立女子短期大学）／西脇泰子（岐阜聖徳学園大学短期大学部）／長屋郁子（岐阜市立女子短期大学）／坂野信子（東海学園大学（非））／木村孝子（東海学院大学）／辻美智子（名古屋女子大学）／横山真智子（各務原市立桜丘中学校）／山根沙季（中京学院大学短期大学部）／長野宏子（元岐阜大学）

静岡県　新井映子（静岡県立大学）／高塚千広（東海大学短期大学部）／市川陽子（静岡県立大学）／伊藤聖子（静岡県立大学）／神谷紀代美（浜松調理菓子専門学校）／清水洋子（静岡英和学院大学短期大学部）／川上栄子（常葉大学）／竹下温子（静岡大学）／中川裕子（日本大学短期大学部）／村上陽子（静岡大学）

愛知県　西堀すき江（東海学園大学）／小出あつみ（名古屋女子大学）／近藤みゆき（名古屋文理大学短期大学部）／石井貴子（名古屋文理大学短期大学部）／小濱絵美（名古屋文理大学短期大学部）／加藤治美（名古屋文理大学短期大学部）／山内知子（名古屋女子大学）／松本貴志子（名古屋女子大学短期大学部）／間宮貴代子（名古屋女子大学）／伊藤正江（至学館大学）／森山三千江（愛知学泉大学）／山本淳子（愛知学泉短期大学）／野田雅子（愛知淑徳大学（非））／廣瀬朋香（名古屋市立大学病院）／亥子紗世（元東海学園大学）／筒井和美（愛知教育大学）／羽根千佳（東海学園大学）

三重県　磯部由香（三重大学）／飯田津喜美（三重短期大学）／水谷令子（元鈴鹿大学）／成田美代（元三重大学）／平島円（三重大学）／久保さつき（鈴鹿大学）／鷲見裕子（高田短期大学）／乾陽子（鈴鹿大学短期大学部）／駒田聡子（皇學館大学）／阿部稚里（三重短期大学）／奥野元子（元島根県立大学短期大学部）／萩原範子（元名古屋学芸大学短期大学部）／小長谷紀子（安田女子大学）

滋賀県　中平真由巳（滋賀短期大学）／高橋ひとみ（滋賀短期大学）／石井裕子（武庫川女子大学（非））／小西春江（園田学園女子大学短期大学部）／久保加織（滋賀大学）／堀越昌子（京都華頂大学）

京都府　豊原容子（京都華頂大学）／湯川夏子（京都教育大学）／河野篤子（京都女子大学）／桐村ます美（元成美大学短期大学部）／坂本裕子（京都華頂大学）／米田泰子（元京都ノートルダム女子大学）／福田小百合（京都文教短期大学）

大阪府　東根裕子（甲南女子大学）／八木千鶴（千里金蘭大学）／阪上愛子（元堺女子短期大学）／澤田参子（元奈良文化女子短期大学）／原知子（滋賀短期大学）／山本悦子（大阪夕陽丘学園短期大学）

兵庫県　田中紀子（神戸女子大学）／片寄眞木子（元神戸女子短期大学）／坂本薫（兵庫県立大学）／冨永しのぶ（兵庫大学）／本多佐知子（金沢学院短期大学）／中谷梢（学）（兵庫県立大学）／作田はるみ（神戸松陰女子学院大学）／原知子（滋賀短期大学）

奈良県　喜多野宣子（大阪国際大学）／志垣瞳（帝塚山大学（非））／三浦さつき（奈良佐保短期大学）／島村知歩（奈良佐保短期大学）

和歌山県　青山佐喜子（大阪夕陽丘学園短期大学）／三浦加代子（園田学園女子大学）／川原崎淑子（元園田学園女子大学短期大学部）／橘ゆかり（神戸松蔭女子学院大学）／川島明子（園田学園女子大学）／千賀靖子（元樟蔭東短期大学）

鳥取県　松島文子（鳥取短期大学）／板倉一枝（鳥取短期大学）

島根県　石田千津恵（島根県立大学）／藤江未沙（松江栄養調理製菓専門学校）

岡山県　藤井わか子（美作大学短期大学部）／青木三恵子（高知大学（客））／小川眞紀子（ノートルダム清心女子大学）／槇尾幸子（元中国学園大学）／大野婦美子（くらしき作陽大学）／藤堂雅恵（研）（美作大学）／人見哲子（美作大学）／新田陽子（岡山県立大学）／我如古菜月（岡山県立大学）／加賀田江里（中国短期大学）／藤井久美子（山陽学園大学）

広島県　岡本洋子（広島修道大学）／村田美穂子（広島文化学園短期大学）／渡部佳美（広島女学院大学）／石井香代子（福山大学）／奥田弘枝（元広島女学院大学）／海切弘子（研）（広島大学大学院）／上村芳枝（比治山大学（非））／木村留美（広島国際大学）／近藤寛子（福山大学）／渕上倫子（元福山大学）／前田ひろみ（広島文化学園短期大学）／木村安美（中村学園大学）／高橋知佐子（福山大学（非））／塩田良子（広島文教女子大学）／政田圭子（元鈴峯女子短期大学）／小長谷紀子（安田女子大学）／山口享子（中国学園大学（嘱））／北林佳織（比治山大学）

山口県　五島淑子（山口大学）／園田純子（山口県立大学）／池田博子（元西南女学院大学短期大学部）／櫻井菜穂子（宇部フロンティア大学短期大学部）／廣田幸子（東亜大学）／福田翼（水産大学校）／山本由美（元池坊短期大学）／森永八江（山口大学）

徳島県　高橋啓子（四国大学）／金丸芳（徳島大学）／松下純子（徳島文理大学短期大学部）／長尾久美子（徳島文理大学短期大学部）／近藤美樹（徳島文理大学）／後藤月江（四国大学短期大学部）／三木章江（四国大学短期大学部）／川端紗也花（四国大学）／坂井真奈美（徳島文理大学短期大学部）

香川県　次田一代（香川短期大学）／加藤みゆき（元香川大学）／川染節江（元明善短期大学）／村川みなみ（香川短期大学）／渡辺ひろ美（香川短期大学）

愛媛県　亀岡恵子（松山東雲短期大学）／宇高順子（愛媛大学）／香川実恵子（松山東雲女子大学（非））／武田珠美（熊本大学）／皆川勝子（松山東雲短期大学）

高知県　小西文子（東海学院大学）／五藤泰子（東海学院大学）／野口元子／福留奈美（お茶の水女子大学（非））

福岡県　三成由美（中村学園大学）／松隈美紀（中村学園大学）／宮原葉子（中村学園大学（非））／入来寛（中村学園大学）／御手洗早也伽（中村学園大学）／熊谷奈々（中村学園大学）／大仁田あずさ（元中村学園大学）／八尋美希（近畿大学九州短期大学）／秋永優子（福岡教育大学）／川島年生（中村学園大学）／永田瑞生（九州女子大学）／末田和代（精華女子短期大学）／楠瀬千春（九州栄養福祉大学）／仁後亮介（中村学園大学短期大学部）／吉岡慶子（元中村学園大学）／猪田和代（太刀洗病院）／山本亜衣（九州女子大学）

佐賀県　西岡征子（西九州大学短期大学部）／副島順子（元西九州大学）／武富和美（西九州大学短期大学部）／萱島知子（佐賀大学）／成清ヨシヱ（元西九州大学短期大学部）／橋本由美子（西九州大学短期大学部（非））

長崎県　冨永美穂子（広島大学大学院）／久木野睦子（活水女子大学）／石見百江（長崎県立大学）

熊本県　秋吉澄子（尚絅大学短期大学部）／北野直子（元熊本県立大学）／戸次元子（老健施設もやい館）／川上育代（尚絅大学）／原田香（尚絅大学短期大学部）／中嶋名菜（熊本県立大学）／小林康子（尚絅大学短期大学部）／柴田文（尚絅大学短期大学部）／小椋綾乃（尚絅大学短期大学部）

大分県　西澤千恵子（元別府大学）／篠原壽子（東九州短期大学）／立松洋子（別府大学短期大学部）／望月美左子（別府溝部学園短期大学）／高松伸枝（別府大学）／宇都宮由佳（学習院女子大学）／山嵜かおり（東九州短期大学）／麻生愛子（東九州短期大学）

宮崎県　篠原久枝（宮崎大学）／長野宏子（元岐阜大学）／磯部由香（三重大学）／秋永優子（福岡教育大学）

鹿児島県　森中房枝（鹿児島純心女子大学）／木之下道子（鹿児島純心女子大学）／進藤智子（鹿児島純心女子短期大学）／山﨑歌織（鹿児島女子短期大学）／木戸めぐみ（鹿児島女子短期大学）／大倉洋代（鹿児島女子短期大学（非））／大富あき子（東京家政学院大学）／大山典子（鹿児島純心女子短期大学）／新里葉子（鹿児島純心女子大学）／福元耐子（鹿児島純心女子大学）／山下三香子（鹿児島県立短期大学）／木下朋美（鹿児島県立短期大学）／大富潤（鹿児島大学）／竹下温子（静岡大学）／千葉しのぶ（鹿児島女子短期大学）／久留ひろみ

沖縄県　田原美和（琉球大学）／森山克子（琉球大学）／我那覇ゆりか（宮古島市立西辺小学校）／大城まみ（琉球大学）／名嘉裕子（デザイン工房美南海）

坊津の漁港（鹿児島県）　写真／長野陽一

左上から右へ　小松菜を昆布でしめる（富山県黒部市）、飯だこ（香川県広島）、白えびの水揚げ（富山県新湊港）、小あじを手開きする（長崎県上五島町）、てんぷらの魚をする（宮崎県日南市）、新子をさばく（高知県須崎市）、たこをゆでる（茨城県鹿島市）、樽からへしこを出す（福井県日向町）　写真／長野陽一、高木あつ子、五十嵐公

全集

伝え継ぐ 日本の家庭料理

魚のおかず

いわし・さばなど

2019年11月10日　第1刷発行
2023年４月20日　第2刷発行

企画・編集
一般社団法人 日本調理科学会

発行所
一般社団法人 農山漁村文化協会
〒335-0022 埼玉県戸田市上戸田2-2-2
☎ 048(233)9351（営業）
☎ 048(233)9372（編集）
FAX 048(299)2812
振替 00120-3-144478
https://www.ruralnet.or.jp/

アートディレクション・デザイン
山本みどり

制作
株式会社 農文協プロダクション

印刷・製本
凸版印刷株式会社

＜検印廃止＞
ISBN978-4-540-19186-2

Printed in Japan
定価はカバーに表示

乱丁・落丁本はお取替えいたします

本扉裏写真／長野陽一（富山県・昆布じめ）
扉写真／長野陽一（p5、20、54、72、87、104）、
五十嵐公（p35）

「伝え継ぐ 日本の家庭料理」出版にあたって

一般社団法人 日本調理科学会では、2000年度以来、「調理文化の地域性と調理科学」をテーマにした特別研究に取り組んできました。2012年度からは「次世代に伝え継ぐ 日本の家庭料理」の全国的な調査研究をしています。この研究では地域に残されている特徴ある家庭料理を、聞き書き調査により地域の暮らしの背景とともに記録しています。

こうした研究の蓄積を活かし、「伝え継ぐ 日本の家庭料理」の刊行を企図しました。全国に著作委員会を設置し、都道府県ごとに40品の次世代に伝え継ぎたい家庭料理を選びました。その基準は次の２点です。

①およそ昭和35年から45年までに地域に定着していた家庭料理
②地域の人々が次の世代以降もつくってほしい、食べてほしいと願っている料理

そうして全国から約1900品の料理が集まりました。それを、「すし」「野菜のおかず」「行事食」といった16のテーマに分類して刊行するのが本シリーズです。日本の食文化の多様性を一覧でき、かつ、実際につくることができるレシピにして記録していきます。ただし、紙幅の関係で掲載しきれない料理もあるため、別途データベースの形ですべての料理の情報をさまざまな角度から検索し、家庭や職場、研究等の場面で利用できるようにする予定です。

日本全国47都道府県、それぞれの地域に伝わる家庭料理の味を、つくり方とともに聞き書きした内容も記録することは、地域の味を共有し、次世代に伝え継いでいくことにつながる大切な作業と思っています。読者の皆さんが各地域ごとの歴史や生活習慣にも思いをはせ、それらと密接に関わっている食文化の形成に対する共通認識のようなものが生まれることも期待してやみません。

日本調理科学会は2017年に創立50周年を迎えました。本シリーズを創立50周年記念事業の一つとして刊行することが日本の食文化の伝承の一助になれば、調査に関わった著作委員はもちろんのこと、学会として望外の喜びとするところです。

2017年９月１日

一般社団法人 日本調理科学会　会長　香西みどり